Christine Hamel

Bitte anschnallen Richtung Zukunft!

Moskauer Pirouetten

Christine Hamel

Bitte anschnallen Richtung Zukunft! Moskauer Pirouetten

Picus Lesereisen

Picus Verlag Wien

Für Laurenz Jelisej

Grafische Gestaltung: Dorothea Löcker, Wien
Umschlagabbildung: © Galen Rowell/Corbis
Druck und Verarbeitung:
Druckerei Remaprint, Wien
ISBN 3-85452-790-X

Informationen über das aktuelle Programm
des Picus Verlags und Veranstaltungen unter
www.picus.at

Inhalt

Irdische Angelegenheiten

Wenn der Bürgermeister mit dem Künstler …

Wenn Sie mit einem Russen nicht über die Seele, den Wodka, Lenin oder die Kälte reden wollen, fragen Sie ihn nach Moskau. Da kennt er sich garantiert aus. Wahrscheinlich ist Ihr Russe sogar Moskauer, werden Sie sich denken, denn wer einmal in Moskau war oder wer nach Moskau kommt und so durch diese Straßen spaziert, etwa den Kutusowskij prospekt oder den Leningradskij prospekt entlang, der muss glauben, dass Moskau mindestens fünfzig Millionen Einwohner hat bei solchen Straßen. Und hundertfünfzig Millionen schwarze Mercedes und BMW, wenigstens. Größe bedeutet nach Landessitte Schönheit, denn die Größe ist eben näher dran am Ganzen, und an dem ist es der russischen Seele leidenschaftlichst gelegen.

Moskau selbst ist auch so etwas Ganzes, Kompaktes. In ihrem Aufbau gleicht die russische Hauptstadt denn auch einer *matrjoschka,* dieser Puppe-in-der-Puppe, mit dem Kreml im Innersten und drei Ringen drumherum. Den dritten Ring hat der Moskauer Bürgermeister Jurij Luschkow anlegen lassen, einen Autobahnring, den man brauchte, jetzt, da keiner mehr Lada fährt und die Hauptstadt es eilig hat. Genau genommen hat sich Moskau aber hinter dem dritten Ring noch einen Speckgürtel mit schmucken Landhäusern und Klinkerburgen angefressen, mit *kottedschy,* wie die Russen neuerdings ihre Datschen nennen, die den Stadtkörper ganz schön haben in die Breite gehen lassen. Die Eigentümer von Rotziegelschlössern mit holländischen Sprossenfenstern und korinthischen Säulen hoffen gar noch auf einen vierten Ring, der dann wohl so etwas wie ein Besucherring wäre, auf dem man zum *weekend* mal schnell bei den Iwanows oder Samjatins vorbeifahren kann. Was den Bau von Ringen betrifft, ist in Moskau immer Anfang. Und am Anfang allen Bauens steht in Moskau der Bürgermeister, Jurij Luschkow, den die Moskauer längst »Herrn der Ringe« nennen. Wünscht man etwas von ihm, streichle man ihm über den großen Zeh. Ganz blank gewischt von vielen Händen ist dieser wohlgenährte große Zeh schon. Marina sagt, sie wünsche sich einen Kindergartenplatz für ihren Sohn, der im nächsten Monat vier werde. Einen Platz ohne extra Dollar, denn an denen fehlt es Marina. So richtig glaube sie ja nicht an die Kraft des großen Zehs, lacht sie verschämt und zuckt mit den Schultern.

Surab Zereteli, der Künstler des bronzenen Luschkow mit dem wundertätigen Zeh, der im Museum des »Moskauer Michelangelo« steht, müsste der jungen Frau jetzt heftig widersprechen. Keiner weiß besser als er, was der Bürgermeister zu vergeben hat. Schöne, saftige Orte etwa, im Zentrum der Stadt, wo Zereteli seine

Kunst aufstellen darf wie auf der Moskwa-Insel. Da entlud der Hofkünstler sein leidenschaftliches Welterleben in einem kolossalen Denkmal für Peter den Großen, den Gründer der russischen Flotte. Ein wuchtiger Gestus, der von kosmogonischer Entschlusskraft zeugt, wie immer, wenn Zereteli Hand anlegt. Da geht es immer gleich ums Große und Ganze, das der Künstler naturalistisch zu fassen pflegt. Die Moskauer konnten sich mit dem o-beinigen Zaren am Lenkrad einer dickbauchigen Walnussschale allerdings nicht so recht anfreunden und nannten das Denkmal eine »mutwillige Verschandelung der Stadt«, ein Berufskollege Zeretelis meinte gar, das Denkmal habe in etwa denselben ästhetischen Reiz wie ein Brief vom Finanzamt.

Das ist noch fast freundlich formuliert, denn Zeretelis Siegesgöttin Nike auf dem Moskauer Verneigungshügel läuft bei den Hauptstädtern unter »Kakerlake auf der Nadel«. Auch für die Weltuhr des Meisters, nichts weniger als ein Sinnbild universaler Zivilisation, und die putzigen Tierchen am Manegeplatz haben die Moskauer eher wenig übrig. Aber dem Bürgermeister gefällt's, das zählt. Des Künstlers Dank für die Treue lässt sich im Zereteli-Museum bestaunen – noch. Vielleicht dauert es ja nicht mehr lange, bis das bemerkenswerte Luschkow-Denkmal Aufstellung im Moskauer Stadtraum findet, irgendwo an den Ringen vielleicht. Zereteli fasste den umtriebigen Bürgermeister in dem symbolisch stark aufgeladenen Bild vom Straßenkehrer, in Bronze und barfuß, damit man den großen Zeh berühren kann. Luschkow hat sich die Schürze umgebunden und fegt so allerhand zivilisatorischen Unrat aus: Flaschen, Zigarettenschachteln, Pistolen, Spielkarten, die *Prawda*, eine leere Konservendose – und einen Kopf nimmt der Schwung des Reisigbesens auch noch mit. Man darf hier keine implizite Kritik vermuten, sondern getrost annehmen, dass es sich um den Kopf eines Banditen handelt. Zereteli gehört nicht zu den Künstlern, die ihrem Auftraggeber in die Hand beißen.

Nachdem Luschkow Moskau also gründlich ausgefegt hat, wird nun gebaut in der russischen Hauptstadt. Der Himmel steht randvoll mit Kränen, vor allem in der Krasnaja Presnja, einem Stadtviertel, das an die Moskwa grenzt, wo zurzeit gerade »Moscow City« hochgezogen wird, ein wirtschaftliches und administratives neues Zentrum der Stadt, das sich auf zweieinhalb Millionen Quadratmetern ausdehnt. Konsumzone und Verdichtungsraum für hunderttausend Büromenschen. Eine Brücke über die Moskwa, die aussieht wie ein über den Fluss gespannter ICE mit blau getönten Fenstern, ist schon fertig, doch das scheint sich in Moskau noch nicht herumgesprochen zu haben, denn an diesem Samstagnachmittag hoffen die Läden, Cafés und Friseursalons vergebens auf Kundschaft. Derweil wächst der höchste Turm Russlands und der Welt auch am Wochenende Stockwerk um Stockwerk. Bis zur 101. Etage. 648

Meter hoch soll der Wolkenkratzer in den Himmel aufragen, das ist einsame Spitze. »Rossija« heißt der Gigant, wie sonst? Das größte Wohnhaus Europas nennt sich hingegen »Triumph Palace« und steht im Norden der Hauptstadt in den Wolken. Nicht jedermann in Moskau ist begeistert von diesem 264 Meter hohen Gebäude. Man meinte, dass die Turmwürde von dem üppigen Formenkoller, den vielen Säulchen und Erkerchen doch stark in Mitleidenschaft gezogen wurde. Moskau kann es einfach nicht lassen, architektonisch immer wieder in diese seltsame Mischung aus Biedermeier und Klassizismus zu driften.

Bleibt noch zu erwähnen, dass hierzulande natürlich auch das größte Einkaufszentrum Europas gebaut wurde, eine zwei Kilometer lange Shoppingzeile. Fünfundzwanzig Millionen Besucher sollen im Jahr in die »Mega-Mall« kommen, wo hundertfünfzig Geschäfte, mehrere Kinocenter, Restaurants und sogar eine Schlittschuharena auf sie warten. Zweifellos baut man hier in Moskau auf die Staunenslust, etwas Riesiges muss es sein, mindestens. Wer aus dem Rest des Landes kommt, da wo die Straßen von kratergroßen Löchern zerfressen sind und der Beton der Kulturpaläste bröckelig geworden ist, muss sich die Augen reiben, immer wieder, über so viel Bürotower- und Shoppingmall-Herrlichkeit, durch die das dicke Geld winkt. »Die Hauptstadt ist die Visitenkarte des Landes und gleichsam eine Lokomotive, die andere russische Regionen mitzieht«, redete der Moskauer Bürgermeister die urbane Schieflage schön. In den Provinzen freilich versteht man sich eher als Kohlelieferanten für die satt versorgte Lokomotive Moskau. So war es schon immer in Russland: Die Kapitale, Moskau oder St. Petersburg, wurde zur Schaufensterauslage aufgetakelt, während der riesige Rest des Landes mehr oder weniger verkam.

Der neue Boom ist in Moskau in vollem Gange, angetrieben von dem ehrgeizigen Programm: höher, größer, schneller. Sechzig alles überragende Hochhäuser will Luschkow ringförmig um das Moskauer Stadtzentrum gruppieren, und was diesem baulichen Höhenrausch im Wege steht, wird kurzerhand abgerissen. »Wir bauen eine eigene und vernünftige Welt«, ließ der Bürgermeister die russischen Hauptstädter wissen, die sich manchmal schon wie die Einwohner »Luschkowias« fühlen. In diesem steil angelegten Reich ist es auch nachts sehr hell, der Kreml, die Twerskaja, Moskaus Hauptstraße, das Bolschoj-Theater, die neu-pompöse Erlöser-Kathedrale, alles wird festlich illuminiert, denn Schattenseiten gibt es nicht in Luschkowia. Moskau hat Ernst gemacht mit dem Slogan »Learning from Las Vegas«, überall zuckt und flimmert Reklame gerade so, als mache jede Hauswand das Powerplay um den Rubeldollar mit. Knapp fünfzig lange Jahre lag die Stadt im Schlaf. Nun erholt sie sich von Stillstand und Langeweile im Turbokapitalismus und Nonstop-Unterhaltungsmarathon. Vor allem nachts kommt Moskau auf Touren, exzentrische Clubs, bizarre Lokale, Saunen und Casinos bringen die Hauptstädter um ihren Schlaf.

Der Mahlstrom Moskaus, er hat etwas maßlos Amüsiergieriges. Und ist um kein Vergnügen verlegen. Um in Form zu bleiben, können die Moskauer demnächst in einem Wintersportzentrum mitten in der Stadt Ski fahren. »365 Tage echten Schnee«, versprechen die Planer in einer Winterlandschaft, die über fünfzig Stockwerke in den Himmel wachsen soll. Unterirdische Kühlrohre werden den Eisblock mit mehreren Skipisten auf einer konstanten Temperatur von null Grad halten – Rücksicht auf Romantiker und Ökologen muss man hierzulande nicht nehmen.

Man darf sich also auf einiges gefasst machen in Moskau. Dass es groß sein wird, ahnen wir bereits.

Paläste untertage

Mit Jewgenij zur Warschawskaja

Wenn Jewgenij Wassilijwitsch morgens raus muss, liegt Moskau noch im Dunkeln. Nur eine Funzel spendet dürftiges Licht im Trolleybus Nr. 23, der von Medwedkowo zum Prospekt Mira ruckelt und schaukelt. Ein kalter Wind fegt durch die Häuserschluchten, traumlose, finstere Welt. Es sei schon viel heller geworden in Moskau, sagt Jewgenij aus rauer, durstiger Kehle, als wir in den Prospekt einbiegen, die ganze Reklame habe es früher ja nicht gegeben. Jewgenij mag keine Reklame, das lässt sich heraushören. »Immer diese Versprechungen, erst die von Lenin, jetzt die der Reklame.« Wozu das alles, fragt er sich, Russland habe genug Zukunft gehabt, könne keine Visionen mehr gebrauchen, »nur ein besseres Leben«. Jewgenij zieht sich ein Haar aus der Nase und sinnt vor sich hin. Wovon einer wie er wohl träumt? Wir müssen aussteigen. Noch bevor der fahle Moskaumorgen das blinkende, zuckende und flackernde Reklamemeer ablöst, taucht Jewgenij Wassilijwitsch in den Untergrund ab, in das Reich der Moskauer Metro. Das darf man so pathetisch sagen, denn in der Metro sind sie alle aufbewahrt, die ruhmreichen Ereignisse, die lichten Zukunftsversprechen, die Heiligtümer der Sowjetunion. Als sei Moskau noch das Zentrum des Universums und die neueste aller besten Welten, so rasen hier die Züge zwischen aufgeputzten Palästen, Kathedralen und Tempeln der Werktätigen hin und her. Man spricht tatsächlich von »Palästen«, denn mit einem schnöden Verkehrsnetz hat die Moskauer Metro nichts zu tun. U-Bahn ist nicht gleich U-Bahn. Neben jenen, die man mal eben von der Concorde zur Bastille nimmt oder vom Embankment zum Piccadilly Circus, gibt es solche, die in dreischiffigen Marmorhallen halten, in gotischen Kreuzgängen, zwischen Statuen oder unter Mosaiken und Bronzelüstern. Das Wort »sparen« fiel beim Moskauer Metrobau erst gar nicht. Andererseits neigte man auch nicht zur Verschwendung und recycelte Kirchen in der Metro-Architektur – das bot sich einfach so an. Die Sprengung der Christi-Erlöser-Kirche, einer unermesslichen Wertstoffbörse, hatte Transportminister Lasar Kaganowitsch 1931 gleich selbst in die Hand genommen. Im selben Jahr begann man mit dem Bau von unterirdischen Tempeln. »Was haben wir damals geschuftet«, stöhnte Nikita Chruschtschow noch als Mineningenieur in seinen Memoiren.

Im Umkleideraum an der Warschawskaja hängt eine Dunstglocke aus Schweiß, billiger Seife und kaltem Zigarettenrauch. Auf dem Tisch steht ein Samowar, vom letzten Geburtstag sind noch ein paar trockene Piroggen geblieben. Zwei Männer spielen Karten, dass der

Tisch hüpft. Wer ich sei. Warum ich Jewgenij interviewte. Das Misstrauen ist groß. Seit dem Selbstmordattentat in der Metro hätten sie alle »ein komisches Gefühl«, sagt einer der Männer, der mit seiner kantigen Brille und seinem eckigen Gesicht aussieht wie ein Fernsehgerät. Schon seit dem ersten Tschetschenienkrieg gilt für die Moskauer Metro höchste Sicherheitsstufe, immerhin befördert sie täglich neun Millionen Menschen durch ein 240 Kilometer langes Tunnelnetz. Bei jedem Halt ermahnt eine samtene weibliche Stimme: »Verehrte Fahrgäste, vergessen Sie beim Aussteigen nicht ihre Sachen« – ein gut gemeinter Ratschlag, der längst von der Wirklichkeit eingeholt wurde. Die Frau, die im Februar 2004 einen Anschlag verübte, sprengte sich selbst mit in die Luft. »Manchmal«, sagt der Fernseher, »war ich wirklich so naiv zu glauben, wir kommen davon. Ich hätte es wissen können.« Angesichts des Ernstes der Lage schlägt er die Beine übereinander. Ob ich mir vorstellen könne, was es heiße, in den Job zu gehen, jeden Tag, mit der Angst, es könne der letzte sein? »Hör auf«, winkt Jewgenij ab und sagt, dass Angst doch das Unglück erst anziehe. Man kommt wieder auf das Gute zu sprechen, auf das, was die Metro zu einem geradezu schweizerisch funktionierenden Verkehrsmittel macht, auf Schnelligkeit, Zuverlässigkeit, Sauberkeit. Von Pünktlichkeit zu sprechen wäre nun wirklich übertrieben angesichts des sekundenschnellen Hin und Hers der Züge.

Die Spindtür klemmt. Jewgenij muss ein paar Mal heftig rütteln und zerren, bevor sie sich öffnen lässt. An der Innenseite hängt am Heftpflaster eine ausgeschnittene nackte Blondine neben einer Ansichtskarte aus Zypern. Das sind noch neue kleine Freiheiten, früher wären solche Leidenschaften wegen Verletzung der Parteidisziplin nicht durchgegangen. Zwanzig Jahre schon lenkt Jewgenij den Zug durch Moskaus Untergrund. »Wenn du immer nur durch Tunnel fährst, lernst du langfristig zu denken«, sagt er und zwängt sich in das graue Jackett, aus dem er im Laufe der Zeit an Brust und Bauch deutlich herausgewachsen ist. Nebenwege, Umwege gab es in seinem Leben nicht. Jewgenijs Vater war auch Metrofahrer, einer der ersten Stunde. »Da machst du dir die Hände nicht schmutzig«, hat er seinem Sohn gesagt, »und da bist du wer.« Alle hatten sie sich vom Hauch der großen Geschichte angeweht gefühlt, dazu trugen auch die gewichtigen Reden von Stalins Transportminister Lasar Kaganowitsch bei, der meinte: »In jedem Stück Granit, in jeder Marmorplatte und Rolltreppenstufe ist unsere Seele drin, unser Kampf, unser Blut und unser Sieg.«

Inzwischen bekommt das mystische Weihegefühl in Moskaus Untergrundbahn Konkurrenz vom Konsumkurs: Marlboro light, Tuborg, Coca-Cola, Lancôme und all die anderen sind eingezogen. Auf den achtzig Metern, die die Rolltreppen in den Untergrund rattern, strahlt das vollkommene irdische Glück von der neuen

Nachtpflege ab und von Mercedes-Limousinen. Ganz anders die Agitation zum Glück, wenn man unten angekommen ist, wo einen fröhliche Bäuerinnen mit stahlharten Waden und langen Zöpfen umringen, überlebensgroße lesende Mädchen, stolze Kosmonauten oder mächtige Bolschewiki, schussbereit für alle Zeiten, was immer oben vorgeht in der Welt, wer immer da gerade durch die Straßen marschiert, in neue Zeiten hinein. In der Metro kämpfen sie noch für eine andere Welt. Von dieser anderen Welt haben jetzt alle die Nase voll. Nur die Metro, das ist etwas anderes.

Star City – Verflogene Größe

Ein Besuch im Weltraumstädtchen

> *Was es für einen Hund wohl in der grenzenlosen Leere des Weltalls zu sehen gab?*
> HARUKI MURAKAMI,
> Sputnik Sweetheart

»Was hat Sie bloß hierher verschlagen?«, will der Wachtposten wissen, während er seine Gürtelschnalle poliert. Nach mehr als drei Stunden, die wir bereits vor seinem Drehkreuz warten, wissen wir das auch nicht mehr so genau. Zwei streunende Hunde haben in der Zwischenzeit Zutrauen zu uns gefasst, wir teilen mit ihnen die Waldesstille, an die in der Ferne ein Hammer klopft. Irgendwann erweicht unser Stoß Sondergenehmigungen und Empfehlungsschreiben dann aber doch das kategorische *njet* des Kommandanten und wir bekommen eine Besuchserlaubnis für Swesdnyj gorodok, Russlands »Sternenstädtchen« im Nordosten von Moskau.

Hinter dem Drehkreuz stehen wir im Wald. Birken, hohe Fichten, Kiefern. Hallo, ist hier ein Kosmonaut? Man sieht es Swesdnyj gorodok nicht gleich an, dass es sich um das Basislager der russischen Raumfahrt, ja gar der internationalen Raumfahrt handelt, schickt doch alle Welt ihre Allaspiranten zur Ausbildung hierher. Das ist freilich noch nicht lange so, bis vor wenigen

Jahren wussten nur Geheimdienste, wo Swesdnyj gorodok liegt; auf handelsüblichen Landkarten ist das Weltraumstädtchen bis heute nicht verzeichnet. Nicht aus Geheimniskrämerei, vielmehr ist es so, dass die achtzehn Häuser der Kosmonautenmetropole in der Weite Russlands keinen Punkt ergeben.

Star City, wie sich das Sternenstädtchen nach neu erworbener Weltläufigkeit auch nennt, entstand 1960, kurz nachdem der erste Sputnik »Piep-piep« aus dem All meldete und die Sowjetunion kosmische Triumphe feierte. »Der internationale Kommunismus ist zum Greifen nahe«, frohlockte das Politbüro auf der Mauer, die Star City umgibt. Jetzt, wo man all-mächtig war, war das mit dem Kommunismus doch nur noch ein Klacks …

Architekt der Weltraumsiedlung, die sich zunächst wegen der vielen Bäume »Grünes Städtchen« nannte, war Parteisekretär Nikita Chruschtschow. Man erkennt das auch leicht an den neunstöckigen realsozialistischen Wohnblocks, die Chruschtschow als gebautes Gegenprogramm zur stalinistischen Prachtentfaltung dem ganzen Land verordnet hatte. Der Volksmund nennt diese Häuser ganz treffend *chruschtschoby*, was sich von dem russischen Begriff für Elendsquartier, *truschtschoby*, ableitet. Unser angeordneter Fremdenführer Sergej Michailowitsch zählt mit der Geschwindigkeit des Lichts die Sternenstädtchenbewohner auf – oder sagt man besser Insassen? »7500 Menschen leben in

Swesdnyj gorodok. Das sind Kosmonauten und die Spezialisten unseres Raumfahrtzentrums. Die Familien der Piloten, der Ingenieure, der Techniker, der Spezialisten für Unterwasserarbeiten, der Fallschirmbauer, der Kosmonauten-Trainer, der Mediziner und die Familien derjenigen, die in den Kosmos fliegen. Punkt.« Keine Frage, Swesdnyj gorodok sollte die größte Kosmonautenstadt der Welt werden – mindestens. Sergej Michailowitsch, ein raketengleicher Typ etwa Mitte Fünfzig, ist sichtlich erfreut über die Abwechslung, die unser Besuch bringt, und während er uns ins Städtchen eskortiert, hat er ein schmissiges Lied auf den Lippen. Die Lobeshymne auf die Helden verbindet sich in der frischen Herbstluft mit dem unverwechselbaren Geruch von scharfem russischen Getränk.

Nach einer Geraden durch den Wald und einer Rechtskurve sind wir da. Das Raumfahrtstädtchen macht nicht schwindlig. Keine astronomischen Dimensionen, nirgends, nur die Ödnis verspricht astronomische Größe. Zehn Hochhäuser reihen sich akkurat im gleichen Abstand an der »Allee der Helden« auf, die vor dem »Haus der Kosmonauten« endet. Das ist das Kultur- und Einkaufszentrum von Swesdnyj, es gibt einen Pelzladen, eine »Euroreinigung«, drei Gummibäume, einen Porzellanladen, der Samoware mit aufgemalten Kosmonauten führt, ein Restaurant und ein Museum. Mehr Umlaufbahn ist nicht.

Alles sieht noch genauso aus wie zu Zeiten,

als man sich entscheiden musste, ob man nun zu den Kosmonauten hält oder zu den Astronauten ... Mit dem amerikanisch-russischen Kräftemessen im All ist es natürlich längst vorbei, das Gehalt der russischen Kosmonauten von bescheidenen zweihundertfünfzig Dollar im Monat und der Lohn der etwa zweihundert Techniker, die für sie arbeiten, kommen aus einem amerikanischen Finanzfond. Der einzige Film, der im »Haus der Kosmonauten« läuft, heißt denn auch »Sem Tonn Dollarow«, Sieben Tonnen Dollar.

Auf der Heldenallee schaukelt uns ein Offizier in blauer Uniform auf einem Klapprad entgegen. Fünfzig Kilometer sind es bis nach Moskau, aber das ist weit, weit weg, weil Swesdnyj gorodok hinterm Mond liegt. »Der erste Mensch im All, Jurij Aleksejewitsch Gagarin, lebte in dem ersten Haus an der Allee der Helden, sechste Etage, zweiter Balkon links«, sagt Sergej Michailowitsch und findet eine Menge lobende Worte für die Witwe des Raumfahrers, Walentina Gagarina, die heute noch dort wohne und immer nur Schwarz trage. Mehr als dreißig Jahre ist es her, dass ihr Mann mit seinem Flugzeug unweit von Swesdnyj gorodok in ein Birkenwäldchen stürzte. Der Enkel des Kosmonauten, der ebenfalls Jurij heiße, der habe wieder dieses »Gagarin'sche Lächeln«, meint Sergej Michailowitsch. Schade, dass der Künstler, der in Swesdnyj die Bronzemassen für den Allhelden verarbeitet hat, offenbar nichts von diesem Lächeln wusste. Aber der Mann hatte Sinn fürs Herzallerliebste und drückte Gagarin ein Gänseblümchen in die Hand hinter dem Rücken. Früher, sagt Sergej Michailowitsch, da hätten einmal »dunkle, fast schwarze, sehr schöne Rosen« das Denkmal umstanden. Ein Geschenk von Schiwkow, dem bulgarischen KP-Führer. Doch vor ein paar Jahren machten sich die Blattläuse über das Mitbringsel her, seitdem blühen gelborangefarbene Datschablumen vor dem Denkmal. Die passen irgendwie auch besser zu der Inschrift »Unser Jurij«.

Sie hatten einmal die Zukunft in Swesdnyj gorodok, heute haben sie vor allem Erinnerungen. Im Museum wechseln wir in die Obhut von Lena Alexandrowna. Sie war zweiundzwanzig, als ihr Mann, ein Kosmonaut, beim Proben der Schwerelosigkeit unter Wasser ums Leben kam, seitdem ist Lena Alexandrowna allein. Viele Frauen seien allein in Swesdnyj gorodok, sagt sie mit tränenleeren Augen. Raumfahrt ist keine Routine, davon künden auch die vielen Versicherungsunternehmen, die sich hier angesiedelt haben. Das Museum erzählt indes von Heldentaten und den hochfahrenden Erfolgen der russischen *kosmonawtika*. Lena Alexandrowna führt uns stolz an Raumkapseln und Raumanzügen vorbei, zeigt uns Kontrollpulte und *borschtsch* in der Tube, Aquarelle, die der Kosmonaut Aleksej Leonow an Bord seines Raumschiffes Woschod 2 malte und mit denen er die sehr exklusive Kunstrichtung der »Weltraummalerei« begründete, sowie die üppigen Geschenke, mit denen die Bruderländer die All-Mächtigkeit der Sowjetunion bedachten: China ließ auf einer Porzellanvase Gagarins Konterfei auftragen, die Tschechoslowakei schickte eine Kristallschale mit schräg gestellter gläserner Weltraumantenne, aus Polen kam ein geschnitzter Sputnik. Rührende Aufmerksamkeiten, in denen die ganze soz-spezifische Mixtur aus kleinbürgerlicher Enge und mythischem Gesellschaftsbild aufgehoben ist. In Gagarins Arbeitszimmer lassen wir uns noch mehr davon gefallen. Gagarin, sagt Lena Alexandrowna, sei ein sehr bescheidener Mensch gewesen. Kein Aufschneider, »sondern einer von uns«. Solche Helden mögen sie in Swesdnyj gorodok. Gagarins Arbeitszimmer mit einem glänzend lackierten Schreibtisch, einem Schreibtischsessel und zwei Sperrholzregalen auf braun gemusterter Polyester-Perserteppichware ist das Heiligtum des Sternenstädtchens, mit dem es sich Lena Alexandrowna zufolge so verhält: Die Uhr bleibt immer auf 10 Uhr 31 stehen, dem Todeszeitpunkt Gagarins, auf Ende. Vor jedem Raumflug kommt die Besatzung der Kapsel hierher und gibt hinter dem Schreibtisch den Schwur ab, die Sache Gagarins fortzuführen. Danach fahren die Kosmonauten und Astronauten zum Allbahnhof nach Baikonur. Man nenne Gagarins Arbeitszimmer auch die »Startplattform von Swesdnyj«. Lena Alexandrowna ist jetzt ergriffen von den eigenen Worten und senkt vertraulich die Stimme: »Wenn man hier im Arbeitszimmer einen Wunsch äußert, dann erfüllt sich dieser Wunsch.« Reichtümer, Reisen nach Paris, einen Mann an der Seite? Was denn ihr restloses Glück wäre, wollen wir wissen. Lena Alexandrowna greift nicht nach den Sternen. Sie nestelt an den beiden Strippen ihrer Kapuzenjacke und sagt, dass sie sich einen Platz in dem überfüllten Kurs »Handarbeiten mit Leder« wünsche, der jeden Donnerstag um halb sieben im »Haus der Kosmonauten« stattfindet. »Und dass einer von uns den ersten Schritt auf den Mars tut.«

Pyramiden am Waldesdunkel

Die gebaute Kraft

Der Trunkenbold auf der anderen Seite des Ganges im Bus von Moskau nach Wolokalamsk glaubt an eine Sinnestäuschung. Hilfe suchend legt er die Hand auf meinen Ärmel und fragt vorsichtig nach, ob ich womöglich auch die Pyramide dort drüben sähe. Es ist wirklich kaum zu glauben: Vor den Toren Moskaus steht da eine hohe Pyramide am Saum des dunklen Fichtenwaldes. Nun, die Moskauer sind architektonisch einiges gewöhnt, seitdem die Datschen der »Neuen Russen« gerne mit falschen römischen Säulen und texanischen Veranden prahlen, doch eine Pyramide in mittelrussischer Wald- und Wiesenlandschaft – das ist ein optischer Stolperstein. Ein architektonisches Ausrufezeichen, so jedenfalls versteht's unser Busfahrer und legt eine Vollbremsung hin. Wir fallen auf die Straße. Der Trunkenbold winkt zum Abschied.

Die Pyramide sieht aus, als würde sie jeden Moment abgeholt werden. Als hätte sich da jemand fünfzig Meter Ägypten in der Höhe geleistet, die gleich auf einem Lastenschlepper wieder wegfahren. Kulisse, kein Weltwunder.

Angeschoben vom brausenden Wind machen wir uns unter regenschweren Wolken schnell übers Feld. Zwei Imbisswagen stehen im zertrampelten Gras, an anderen Tagen scheint hier was los zu sein. Wir halten auf ein schwarzes Loch zu, auf den mannshohen Eingang. Gab es da nicht diese Geschichte, dass Korn, das nach viertausend Jahren in ägyptischen Pyramiden gefunden wurde, noch wachsen konnte? Hieß es nicht, dass Scheren und Messer nicht stumpf werden, wenn man sie in oder an eine Pyramide legt? Und gibt es nicht eine geheime Verbindung zwischen der Molekularstruktur des Wassers und der Geometrie des ägyptischen Pyramidenbaus? Heiliger Hokuspokus! Viel Wissen um Pyramiden tragen wir nicht zusammen, aber es reicht für einen respektvollen Eintritt.

Einige waren schon vor uns da. Herr Kurbatow zum Beispiel lacht verlegen hinter vorgehaltener Hand, dass sich am Morgen Herpesbläschen auf seiner Lippe gebildet hätten. So etwas komme öfter bei ihm vor, aber er gerate darüber nicht in Aufregung, schließlich gebe es ja die Pyramide. Dann schreitet Herr Kurbatow weiter im Kreis durch den leeren Raum. Ja, natürlich, die Pyramide ... Zwei Frauen und ein kleiner Dicker sitzen auf einer Bank und korrigieren andersweltlich dreinblickend ihr Biofeld, der Mann stößt dazu rhythmisch seinen Atem aus. »Pyramiden schützen gegen alle Krankheiten des Planeten«, sagt der Bauherr Alexander Golod, ein besonders exponierter Vertreter des Gutmenschentums. Im Jahr 1999 hat er die Pyramide an der neuen Straße nach Riga errichtet, den ganzen Sommer und Herbst über haben sie an der Holz- und Kunststoffkonstruktion gearbeitet und schon im darauf folgenden Winter hätten die Moskauer mit deutlich weniger Grippeviren zu kämpfen gehabt. Die Pyramide sei ein Instrument zur Beeinflussung des Raumes, sagt Alexander Golod und blickt an uns vorbei in die Ferne. Ihn haben schon immer die wesentlichen Fragen dieser Welt interessiert, das große Ganze, deshalb studierte er Physik, wurde führendes Mitglied der Russischen Akademie der Wissenschaften, bis der Blick immer tiefer vordrang, immer weiter in die unendliche Substanz. Ist nicht das Sichtbare nur ein winziger Teil des Unsichtbaren? Vor fünfzehn Jahren erzählte ihm jemand von der harmonisierenden Kraft der Pyramiden, seitdem haben die altägyptischen Grabbauten den Physiker nicht mehr losgelassen. Je höher man sie baue, desto weiter sei ihr Wirkungsradius, sagt Alexander Golod. Die 44 Meter hohe Moskauer Pyramide strahle mehrere hundert Kilometer, vielleicht sogar tausend. »Die Pyramide funktioniert wie ein Baum, heute pflanzt du sie und jedes Jahr werden ihre Kräfte stärker.« Dreißig Pyramiden, himmelhoch und weltenbreit, hat Alexander Golod schon in Russland und in den ehemaligen Sowjetrepubliken gebaut. Sollte sich die osteuropäische Tiefebene etwa in Europas Tal der Könige verwandeln?

Es hat Tradition, dass in Russland geheimnisvoller Magie Tür und Tor geöffnet sind. Russen sind für das Übersinnliche begabt, was auch an dem geistigen Reservoir eines Landes liegen mag, in dem die Lebensordnung unbegreiflich, undurchschaubar und unberechenbar ist. In einer solchen Niemand-weiß-Welt ist viel Raum für Zauberei aller Art. Alles Übernatürliche findet Anklang, weil auf das Irdische kein Verlass ist und die Mehrheit der Bevölkerung das Ende des Staatssozialismus mit sozialem Abstieg und allgemeiner Orientierungslosigkeit bezahlt.

Alexander Golod schützt sich in seinem Moskauer Büro vor der Ruppigkeit der Welt mit einem Wall aus Pyramiden, handelsüblichen Modellen aus Halbedelsteinen und Kristallglas. Sein Arbeitszimmer erinnert ein wenig an die Bastionen der Bösewichte, mit denen James Bond es gewöhnlich aufnimmt: Auf einem langen Tisch breitet sich eine Weltkarte aus, auf der sich an manchen Orten rätselhafte Häufchen aus Edelsteinen türmen. Ein geheimnistuerischer Zauber geht um, fühlt sich da jemand als Herr des Weltgeschehens? Alexander Golod, sonst ganz spirituell in sich eingehaust, fällt aus allen Wolken. Er wolle nur die Welt »lieblicher« machen, menschlicher. Russland vor allem bereite ihm Sorgen, das Land müsse erneuert werden. Doch dieses Mal ohne Revolution. Im Vollbewusstsein seiner Mission erzählt Alexander Golod, dass er mehrere Tonnen Steine, die in der Pyramide mit ihrer segensreichen Energie aufgeladen wurden, um das Ringstraßensystem von Moskau gelegt habe, ebenso um St. Petersburg, Twer, Samara und Saratow. Das habe sich so bewährt, weil es viel einfacher sei, Städte zu heilen als Menschen. In der Sprache der Apotheker würde man Pyramiden wohl ein mildes Kombinationspräparat mit Breitbandwirkung nennen. Pyramiden sorgen nämlich nicht nur für Verbesserung der Biochemie, sie beseitigen, sagt ihr Architekt, auch soziale und ethnische Spannungen und bekämpfen Kriminalität.

Wen wundert es da noch, dass Alexander Golod auch Politiker zu seinen Kunden zählt. Adschariens Herrscher Aslan Abaschidse beispielsweise bestellte für seine Hafenstadt Batumi am Schwarzen Meer eine zweiundzwanzig Meter hohe Pyramide. Ob an der Schwarzmeerküste jetzt alle Taschendiebe einer redlichen Profession nachgehen, kann Alexander Golod nicht sagen. Aber er hat eine noch tollere Geschichte: In Tschetschenien interessiert sich der russische Generalstab für das magische Potenzial der Pyramiden, die abtrünnige Kaukasusrepublik hat harmonisierende Kräfte ja besonders nötig. Bauen die Militärs demnächst eine Pyramide in Grosnyj? Alexander Golod hat ein leutseliges Lächeln aufgesetzt und zieht ein Schreiben des Generalmajors Michejew hervor, das zunächst ein »Experiment auf militärischem Gelände ohne große Ausgaben« vorsieht. Die aus einem hochwertigen, alabasterähnlichen Kunststoff und Holz gebauten Pyramiden kosten immerhin etwa eine Million Dollar. Da mag der russische Generalstab vorerst auf die kostensparende energetische Hilfe aus dem All hoffen. Im Rahmen des Forschungsprojekts »Collier« hat Alexander Golod nämlich pyramidial aufgeladene Bergkristalle auf die Weltraumstation Mir geschickt, von wo aus sie nach allen Seiten ins Weltall funkeln. Wir dürfen uns also alle durch Pyramiden gestärkt fühlen. Am meisten natürlich die Moskauer und die, die zu Füßen der Pyramide am Seliger-See oder etwa der von Astrachan leben, die der Konzern Gasprom spendiert hat, um die durch ihn verursachte Luftverschmutzung einzudämmen. »Wir haben Raketen, einen neuen Staudamm und auf dem Gebiet des Balletts sind wir die Besten der Welt«, sang einst der berühmte russische Barde Jurij Wisbor. Der Song ist immer noch aktuell, nur dass die Russen jetzt auch Pyramiden haben.

Dozierte Dichtung

Russen beim Reimen im Gorkij-Literaturinstitut

Einst wurden hier die Prinzipien des Sozialistischen Realismus eingeübt, der das gesamte Kulturleben der noch jungen Sowjetunion auf Parteilichkeit und pathetischen Zukunftsoptimismus verpflichtete. »Das Leben ist besser geworden, Genossen, das Leben ist lustiger geworden«, findet Stalin 1932 und damit die Schriftsteller nicht auf eine andere Idee kommen, markiert er den »einzig richtigen« Weg. Melancholie, Träume, Ironie, Skepsis oder gar leibliche Liebe passen nun nicht mehr in das Machtbild der Mächtigen, Varianten von Pathos, Stolz, Tapferkeit oder Freude sind hingegen gerne gesehen. Und wie sich die Frohbotschaft in staatstragende Literatur verwandeln lässt, lernten die Schriftsteller im 1933 gegründeten Literaturinstitut am Twerskoj Boulevard.

»Das zweite Haus hinter McDonald's« hatte die Sekretärin am Telefon die Lage des natürlich nach dem realsozialistischen Gorkij benannten Instituts präzisiert, das in einem vornehmen kaisergelb-weißen Stadtpalais untergebracht ist. Immer wenn man es in Moskau mit so einer Immobilie zu tun hat, kann man davon ausgehen, dass irgendein Schriftstellerverband, ein Literaturclub, ein Literaturliebhaberverein oder eine Dichtergesellschaft eingezogen ist. Erlesen gelbweiß, ebenmäßig, stilistisch geschlossen, klassisch-streng und mit stattlichen Säulen garniert – so sehen sie ja hierzulande auch gerne die Poesie. Direktor Sergej Essin hat freundliche Neugier in den Augen. Er trägt meinen Mantel hinaus zur Sekretärin ins Zimmer und ich nehme Platz vor einem Glas Tee. Sergej Essin ist kein Mann, der etwas dem Zufall überlässt. Es sei vor allem die Chemie, die das Institut groß gemacht habe, sagt der Direktor und deutet mit dem Zeigefinger auf einen Bücherstapel am Boden. Chemie, die aus der Tiefe des Hauses komme.

Das Palais ist nämlich kein unbeschriebenes Blatt: Mitte des 19. Jahrhunderts wurde der Publizist Alexander Herzen hier geboren, nach der Revolution fanden Andrej Platonow und Ossip Mandelstam am Twerskoj Boulevard vorübergehend Unterkunft. Wenn allein die Botenstoffe dieser drei Herren noch wirksam wären, reichte das für eine furiose literarische Mischung. Aber es sind ja viele tätige Geister im Hause, Sergej Essin spricht vom »Draht zu den anderen«, und wenn er die anderen alle aufzählt, dann meint man, sein verkramtes Büro fülle sich mit Musik an. Jewgenij Jewtuschenko, Jewgenij Rejn, Genadij Aigi, Anatolij Pristawkin, Dschingis Aitmatow, Nina Sadur, die Achmadulina, Swetlana Wassilenko oder Krimikönigin Polina Daschkowa – sie alle haben hier studiert. Der Zwang zur

Mehrdeutigkeit sei ein gutes Worttraining gewesen, sagt der streng-väterliche Direktor, der – man sieht es ihm an – nicht viel davon hält, dass die neue russische Literatur jetzt nicht mehr Seele, sondern Gedärme sucht.

Sergej Essin selbst ist ein Vertreter des ewigen Realismus, er schreibt von den Wonnen der Gewöhnlichkeit und in seinen Büchern fällt viel Schnee. »Kommen Sie, ich führe Sie durchs Haus«, sagt er und geht – ganz der Chef – voran. Unter den Schuhen quietscht braunes Linoleum, das sich mit der artig geschriebenen Hausordnung an der Wand, dem Klavier unterm Blümchenüberwurf und den Kronleuchtern aus dem Kombinat zum wohlvertrauten Bild werktätiger Klassik fügt. Hierher dringt kein letzter Schrei des literarischen Schicks vor, könnte man meinen und sich damit gründlich täuschen. Wo sonst lässt sich die Bösartigkeit des Banalen, von der jetzt alle so gerne schreiben und lesen, besser entdecken als in der realen Hinterlassenschaft der Sowjetunion? Der Blick in die Bibliothek ortet drei Computer als Fremdkörper zwischen ledereingefassten Werkausgaben der russischen Klassiker und Gorkij in Öl an der Wand. »Unsere Ausbildung ist sehr streng angelegt«, sagt Sergej Essin und lässt mit großer Geste eine Tür zum Klassenzimmer auffliegen. Wir platzen in den Gebrauch des Vokativs im Alten Rom, zwanzig Studenten und ein Dozent sagen höflich guten Tag, so wie es sich gehört in einer Bildungsstätte, in der man solide

Traditionen schätzt. Studentenrevolte – das hat es am Gorkij-Institut nie gegeben, Russlands Dichternachwuchs holt sich vielmehr jeden Morgen ein Glas Milch im Dekanat ab. Sergej Essin mutmaßt, dass manche lieber ein Glas Bier trinken würden und setzt eine komplizenhafte Miene auf. Als ob er nicht wüsste, wo es langgeht, heutzutage.

Einer von denen, die lieber Bier als Milch trinken, ist Grigorij Sacharow. Hastig zieht er an seiner Zigarette und tritt von einem schlaksigen Bein auf das andere, die erste Winterkälte setzt ihm an diesem unausgeschlafenen Vormittag besonders zu. Für den gerade erst Zwanzigjährigen erfüllte sich mit der Aufnahme ans Literaturinstitut ein Wunschtraum, wie sonst wäre er dichtend der russischen Provinz entkommen? Und wo sonst darf man sich auf nichts anderes konzentrieren als auf den Luxus, das treffende Wort zu finden? Grigorij Sacharow studiert im zweiten Jahr Poesie bei der Lyrikerin Tatjana Bek, ein Glücksfall meint er, denn Tatjana Borissowna rede einem nicht rein in die Reime. Alles stünde zum Besten, wenn am Gorkij-Institut nur die Sprache in Form gebracht werden würde und nicht auch noch der Dichter selbst. »Fußball ist hier das wichtigste Fach«, sagt Grigorij, in der Sprachmelodie markiert von einer Verachtung, als rede er über Folter. Sie alle seien unfreiwillige Sportler. Grigorij schaut aus trüben Augen und zuckt ermattet mit den Schultern. Dabei hätte er allen Grund zur Siegerpose. Die

Fußballpokale und Urkunden, die die Mannschaft des Gorkij-Literaturinstituts einspielt, können sich sehen lassen. Genauso wie der abgrunddüstere Sound Grigorij Sacharows, der immer neue Bilder voller Lakonie offenbart – vom Tor auf dem Fußballfeld, das zum Höllenschlund wird, vom zersplitterten Fußgelenk, »vertraut dem Blick wie das Kleinholz vom Baum«. Hier muss einer seiner Sprache den Weg übers Fußballfeld bahnen. Wenn das nicht auf der Höhe der Zeit ist.

Memorial – Gestern war auch Russland

Der Wahrheit auf der Spur

Jelena Kuschetowa hat sich lange überlegt, ob sie bei »Memorial« anrufen soll. Die kleine, zierliche Frau mit dem gefangenen Lächeln überkommt jedes Mal Angst, das schiere Grauen im Umgang mit Organisationen oder Institutionen. Eines Tages wählte sie dann aber doch die Nummer der Moskauer Stiftung, vor vier Jahren war das, als die Depressionen nicht mehr aufhören wollten. Das, was Jelena Kuschetowa erlebt hatte, das hat sie aus der Welt geworfen. Ein Kind war sie noch, gerade sechs Jahre alt, mit einer großen roten Schleife im Haar und jeder Menge Liedern zu Ehren des großen Stalin im Kopf. Die hatte sie im Kindergarten gelernt, der zum Krankenhaus Nr. 21 gehörte, in dem ihre Eltern als Ärzte arbeiteten. »Papa wurde 1938 im März erschossen, Mama im April«, sagt sie und starrt auf die großen Blumen ihres Wollschals, als verberge sich in ihnen das Bild der Eltern. Jelena hatte schon geschlafen, als vor dem Haus am Kutusowskij prospekt ein Lastwagen vorfuhr. Die Eltern mussten sich auf den Vordersitz zwängen. »Papa und Mama schauten mich an, ich schaute sie an. Das Auto fuhr los. Ich habe sie nie wieder gesehen.«

So oder anders haben sie es alle erlebt. All die Waisen, Verbannten, Inhaftierten, Schikanierten, all die Opfer der stalinistischen Maschinerie, die sich jeden Mittwoch in dem kleinen rot getünchten Stadtpalast von »Memorial« treffen. Bis heute, im Rentenalter, versehrte Leben. »Es ist schwer, ein Mensch zu werden, wenn sie dich grässlicher behandelt haben als Schlachtvieh«, sagt eine Frau vom Sofa und bringt den Raum für eine Zeit lang zum Schweigen.

»Memorial« – das ist Russlands lebendiges Gedächtnis, ein Ort der Wahrheit, der vertuschten, verleugneten Wahrheit des »Großen Terrors«. Sechzigtausend Akten haben die Mitarbeiter der Menschenrechtsorganisation in der Kleinen Kutschergasse zusammengetragen, sechzigtausend getippte oder handgeschriebene Leidensgeschichten auf Din-A 5. Ein Packen Papier gegen sowjetische Lügen, gegen das Vergessen. Das Museum unter dem Dach hat indes geborgen, was die Verbannten aus den Lagern mitbrachten: Handarbeiten aus Brotresten, Körbchen und Schuhe aus Birkenrinde, Gesticktes, Lumpen, eine Zeichnung – Dinge, die vom Aufbäumen gegen die Mutlosigkeit erzählen können. Das Russische hat keinen treffenden Ausdruck für das, was man vielleicht Aneignung der eigenen Geschichte nennen könnte. So etwas passiert hier ja auch zum ersten Mal. Man leiht sich dafür das deutsche Wort »Erinnerungsarbeit«. Und das bedeutet viel Arbeit. Walerija Ottonowna zieht einen grauen Pappordner aus dem voll gestopften Regal. NKWD, die vier

Buchstaben des sowjetischen Geheimdienstes unter Stalin, wiederholen sich in endloser Folge auf den Akten, in denen die perverse Bilanz der *tschistka*, der so genannten »Säuberung« in den Jahren 1937 und 1938 festgehalten wird. Mehr als 1,5 Millionen Menschen wurden verhaftet, 670.000 von ihnen erhielten die Todesstrafe. Dass die Opfer des stalinistischen Terrors nicht auch noch Opfer des großen Vergessens wurden, verdanken sie »Memorial«.

Hat Russland eine Gedächtnislücke? Man fragt sich das immer wieder, wenn man etwa vor der blumengeschmückten Idylle von Stalins Grab an der Kremlmauer steht. Oder wenn man von dem Vorstoß des Moskauer Bürgermeisters Jurij Luschkow hört, die Statue Felix Dserschinskijs vor der Lubjanka wieder aufzustellen. Dserschinskij, Gründer des sowjetischen Geheimdienstes, ist dem Land vor allem wegen seines tödlichen Ordnungswahns in Erinnerung geblieben. »Angst vor der Geschichte und Angst vor der Politik«, diagnostizierte unlängst die *Literaturnaja gazeta* den Russen – eine Furcht, die wohl eine direkte Folge der russischen Vergangenheit ist. Man war in der Sowjetunion in einem Maße politisiert, dass der Überdruss daran heute nur verständlich ist. Gedächtnis braucht Zeit und Umsicht. Aber lässt sich nicht erst aus der Tiefe der Zeit die Dignität für Gegenwart und Zukunft gewinnen?

Für Walerija Ottonowna keine Frage. Die runde, rüstige Dame leitet bei »Memorial« die

Abteilung, die sich der Opfer politischer Repression annimmt. Angst, Verlorensein, Hunger, Schmerz – das sind Erfahrungen, über die man sich in Halbsätzen mit Walerija Ottonowna verständigen kann. Ein paar Tage nach ihrem fünften Geburtstag wurde sie von zu Hause abgeholt und in ein sowjetisches Waisenhaus gesteckt. Sie hatte Eltern, aber nicht die richtigen, der Vater war Österreicher, die Mutter Deutsche, beide Revolutionäre der ersten Stunde. »Konterrevolutionäre Volksfeinde« nannte man sie zu jener Zeit und deshalb sah Walerija Ottonowna ihre Eltern auch nie wieder. Sie verschwanden in den Nickelminen von Norilsk. Das Mädchen gehörte fortan zu der »einträchtigen sowjetischen Arbeiter- und Bauernfamilie«, die von tyrannischen Erzieherinnen beherrscht war und begleitet von Schlägen, Angst, Misstrauen und Nichtanerkennung. Auch der Revolutionärstochter sollte das Stigma der Minderwertigkeit eingebrannt werden. Als Walerija Ottonowna später in die Produktion ging, 3600 Hebelbewegungen Tag für Tag in der Fabrik, bekam sie einen Brief vom Moskauer Stadtsowjet. Sie sollte die Kosten ihrer »Erziehung« zurückerstatten, 726 Rubel in Raten. Bis heute treibt ihr die Fassungslosigkeit Tränen in die flinken braunen Augen. »Manchmal«, sagt Walerija Ottonowna, »ist es wirklich schwer zu glauben, dass es irgendjemand eigentlich gut mit den Menschen gemeint hat.« Das Gute, das habe sie im Leben erst bei »Memorial« kennen gelernt. »Wir haben uns hier gegenseitig gefunden und können den Schmerz teilen, die Erinnerungen. Sonst müsste man den Verstand verlieren.« »Memorial«, eine Gesellschaft, die allein in Moskau siebzehntausend Mitglieder zählt, kümmert sich nicht nur um historische Aufklärung, sondern leistet auch ganz praktische Hilfe.

Walerija Ottonowna kennt sie alle, die jeden Mittwoch kommen. Sie weiß, wen sie mit einer Freikarte fürs Theater oder die Philharmonie aufheitern kann, sie verschafft Platz im Erholungsheim, beantwortet die Fragen über das Wer und Wohin, gibt Auskunft, sorgt für Essen und warme Winterstiefel. »Die Opfer von gestern sind die Opfer von heute«, sagt Walerija Ottonowna und klagt über das soziale Elend, in das viele Repressionsopfer abzustürzen drohen. Die meisten haben mit Spätfolgen zu kämpfen, Depressionen, Existenzangst, Mangel an Selbstgewissheit, da ist kein Verlass auf seelisches Gleichgewicht, wie man es für ein geregeltes Leben braucht. Armut komplementiert heute das Leid, Demütigung türmt sich auf Demütigung. Wenn Walerija Ottonowna etwas stört, dann ist es die »Ignoranz« der russischen Regierung, die den Zivilisationsbruch des Totalitarismus am liebsten vergessen würde, ganz so als sei das eben historisches Pech gewesen. Sie kann das »einfach nicht fassen«, dass die Verbrechen des Stalinismus heute keinen mehr interessieren. Mit aller Macht stemmt sie sich gegen den Trend, denn Walerija Ottonowna und alle anderen Mitglieder von »Memorial« haben einen Traum: Möge die russische Gesellschaft eines Tages erwachsen genug werden, sich der Vergangenheit zu stellen. »Wenn ein Leben erzählt werden kann, ist es für das Leben gerettet«, sagt Walerija Ottonowna und wenn sie das sagt, kann man ihr nur glauben.

Der Duft der Geisha

Fernöstliche Schulung

Wie sagt man der Welt, dass man in eine Geisha-Schule geht? Wie bringt man das der Familie bei? Ein mildes Lächeln umspielt Tatjanas Lippen. »Njet ni kakich problem«, kein Problem, sagt sie, Mann und Kinder hätten gar nicht gewusst, was eine Geisha sei, nur die Schwiegermutter hätte sie etwas skeptisch von oben bis unten gemustert, aber auch nur, weil sie grundsätzlich alles Fremdländische für verdächtig halte. Jeden Donnerstag- und Freitagabend lernt Tatjana sich als Geisha zu geben oder jedenfalls als das, was man in Moskau darunter versteht.

Der Ort der Einweisung ist ein altes Moskauer Backsteinhaus, das sich in einem dunklen Innenhof versteckt, in dem man nachts nicht allein sein möchte. Hinter den Mauern rumort die russische Hauptstadt, stöhnt und ächzt unter der Last des noch ungewohnt prallen Lebens. Wir stehen eine Weile unter dem kleinen Wellblechvordach ganz im Bann des laut herunterprasselnden Regens und der beiden abgestellten Edelkarossen, bis sich uns die Tür zur Geisha-Schule öffnet. Gleich auf drei Monitoren konnte der stiernackige Concierge unsere Ankunft beobachten. Im Vorraum nimmt uns ein Mann in einem dunkelblauviolett gestreiften Hemd in Empfang, der auch bei einem Casting einlaufen könnte, bei dem sie Ausschau nach klassischen Halbwelttypen halten. Das verwegene Erscheinungsbild verliert etwas von seiner einschüchternden Kraft, als der Mann uns auffordert, die Schuhe aus- und *tapotschki*, »Pantöffelchen«, anzuziehen – da stehen wir dann also in ausgelatschten karierten Hausschlappen. »Willkommen im Reich der Geisha«, sagt unser Empfangsherr, der sich als Walentin vorstellt. Das Entree hat es zweifellos in sich: Nicht etwa eine mit weißem Papier bespannte Tür führt in die Moskauer Geisha-Welt, nein, eine Saloontür schwingt auf und zu, ganz so als habe da einer Osten und Westen verwechselt. An den Wänden dann eher Indien als Japan im Bild: orgiastisch tanzende Frauengestalten, vielarmige Götter, Kopulationen. Dazwischen fallen immer wieder bunte Stoffbahnen von der Decke auf die braun gemusterte Perserteppichware am Boden.

»Feng Shui«, sagt Walentin bedeutungsvoll und wir ahnen, dass man hier in Moskaus Geisha-Schule ganz locker mit Traditionen umgeht. Locker in der Form, aber streng im Inhalt: Mit schnellem Halbwissen wolle man in der Geisha-Schule nichts zu tun haben, sagt Walentin, der so etwas wie der Sekretär der fernöstlichen Bildungsstätte ist. »Zum Grundkurs«, erklärt uns Walentin, »gehören neun Lektionen« – und die lehren uns das Staunen: »drei Lektionen zur

Entwicklung der Intimmuskulatur, eine Lektion Kunst der Berührung, eine Lektion Plastik und Grazie und zwei Lektionen weibliche Anthropologie, eine Lektion Kunst der Verführung und eine Lektion Altes Wissen slawischer und östlicher Herrscherinnen« … Sollten die Moskauer etwa die Geisha-Welt der dreisaitigen Laute und der Blumen mit einem schnöden Rotlichtbezirk verwechselt haben? Der Stundenplan sieht ganz danach aus, doch Walentin wehrt heftig ab und spricht von dem dringenden Bedürfnis, Frauen höherer Erkenntnis zuzuführen. »Wir helfen den Frauen, sich selbst zu verstehen.« Immerhin nehmen zur Zeit siebzig Frauen den Nachhilfeunterricht in weiblicher Selbsterfahrung in Anspruch. Der Andrang der Geisha-Schülerinnen sei zwar wesentlich größer, doch erst einmal müsse die gerade eröffnete Dependance in St. Petersburg anlaufen, bevor man in Moskau an Erweiterung denken könne, sagt Walentin.

Die Geisha als raffinierte und gelehrte Artistin ist unter Russinnen offenbar ein attraktives Vorbild. Dass man sich auf der Suche nach einem Ideal nicht nach Westen zu den emanzipierten und kosmopolitischen Schwestern wendet, sondern nach Osten zu den erlesenen Gespielinnen des Mannes, ist kein Zufall. Russland hat kulturell schon immer den Spagat zwischen Osten und Westen geprobt: Nach Lage der postsozialistischen Dinge mag das Wohl der Ökonomie aus dem Westen kommen, das Wohl der Seele aber sucht Russland traditionell im

Osten, wo es mehr Mystik gibt, mehr Zauber, mehr Geheimnis.

Tatjana, die als Programmiererin arbeitet, probt schon seit zwei Jahren die Geisha und hat neben außerordentlichen Körperkräften in der Schule vor allem *garmonija*, Harmonie, gefunden. Ihrem Mann, sagt sie, wäre das gleich aufgefallen. »Ich merke, dass mein Lächeln nicht aus den Augen kommt, sondern aus dem Innern. Ich lächle mit meinem ganzen Körper«, lässt uns Tatjana lächelnd wissen und wieder lächelnd meint sie, dass sie ein völlig anderer Mensch geworden sei. Das ist so ganz nach dem Geschmack Oleg Frolows gesprochen, nennt sich seine Geisha-Schule doch auch »Zentrum geistiger und kultureller Wiedergeburt«. Der Gründer und oberste Meister der Schule, ein Mann von erstaunlich glatter Beschaffenheit, residiert in einem kirschroten Seidenanzug und weißen Tennissocken vor einer Tafel, auf der geheimnisvolle Energieverläufe abgebildet sind. Wir dürfen im Schneidersitz auf ein wenig zu bunt geratenen Kissen Platz nehmen. Fragen stellen brauchen wir nicht, denn Oleg Frolow sagt, er wisse schon, was wir wissen wollten. Gleich einem routinierten Handelsvertreter schwadroniert er dann auch gleich los über die Poesie der Liebe und die Prosa des Ehelebens, atemlos hetzt er über die Unglücksspur von Mann und Frau und kommt mit vor der Brust verschränkten Armen zu dem Schluss, dass der Mann das gequälte Wesen sei. Nur die Geisha kann ihn retten.

Wir sind etwas geschafft vom genderdiskursiven Trommelfeuer, doch unser Gastgeber reagiert prompt, schließlich ist Oleg Frolow ja auch Psychologe, und offeriert ein Schälchen Grüntee. »Die Geisha – das ist eine glühende Chrysantheme«, beruft sich Oleg Frolow auf »alte japanische Traktate« und meint mit ein wenig Herablassung, dass selbst die Japaner das nicht wüssten, geschweige denn die Europäer. »Diese Frauen haben sehr lange meditiert und sich in Gedanken als aufgehende Blüte verkörpert und wenn sie einen Raum betraten, dufteten ihre Organe nach diesen Blüten.« Wir versuchen prompt Geisha-Witterung aufzunehmen, aber in der penetranten, schwülen Süße eines Räucherstäbchens ist schwebender Chrysanthemenduft schwer auszumachen. »Unsere Aufgabe ist es«, schließt Oleg Frolow seinen Vortrag, »den Frauen zu zeigen, dass sie vollkommen sind, dass sie absolut unabhängig sind. Wenn die Frau nur dasitzt und hofft, dass ich sie nicht verlasse, dann ist sie völlig uninteressant für mich. Weil ich ein Jäger bin. Der Mann ist ein Jäger.« Uns fällt jetzt dazu nichts ein. Aber diese Frolow'sche Mischung aus kryptischer Lyrik und klaren Ansagen scheint gut anzukommen in Russland.

Um die Befindlichkeiten zwischen Mann und Frau steht es laut Statistik ja auch nicht gerade zum Besten: Jahrzehntelang eingeübte Beziehungsnormen sind mit der neuen Freiheit ins Wanken geraten, Liebes- und Rollenbilder wurden ausgetauscht. Die Folge des Sturmtiefs: Der

Zerfall der Familie. Sechzig Prozent aller russischen Ehen enden in Scheidung. Natürlich auch wegen des Üblichen: tägliche Misere, heillose Trunksucht, enge Wohnungen, Zwang zu organisieren, zu beschaffen, Streit und Zorn. »Wenn russische Frauen in den Spiegel schauen«, sagt die Soziologin und Dramaturgin Maria Arbatowa, »kommen sie sich wie ein Panzer vor, der fährt, der schießt, der schützt, der hilft zu überleben, weil unser Alltag ein täglicher Überlebenstest ist.« Muss es da nicht beinahe kathartische Wirkung haben, sich im schönsten Seidentaft in Grazie und Anmut vor dem Spiegel zu üben? Kleine Schritte tun wie Kaisertöchter, wegkommen vom Moskauer Stechschritt zwischen Job, Kinderhort und Supermarkt. Schön sein, Geschmack haben, sich Zeit für sich selbst nehmen – das ist ein Luxus, der noch neu ist in Russland.

Tatjana sieht aus wie ein kostbar zugeschnürtes Paket, wie sie so dasteht in einem blaurosahoniggelbgrünen Kimono. Sie soll tief ein- und ausatmen und dabei die Energie der bunten Farbbahnen rundherum aufnehmen, alle schlechten Energien hingegen abgeben. Wir stören bei dieser feinstofflichen Übung. Walentin, den seine Mutter wahrscheinlich einmal Wladimir getauft hatte, führt uns deshalb durch immer neue Arrangements allerschlichtester Fernöstlichkeit über eine knarzende Holztreppe in den ersten Stock. Es dauert einen Moment, bis sich die Augen an die Dunkelheit gewöhnen und einen nahezu ebenerdigen Tisch in der Mitte von Sitzkissen ausmachen. Meditative Musik und Räucherstäbchen sorgen für besinnliche Stimmung. Wieder fallen üppige Stoffbahnen von der Decke und bilden eine Art Zelt. Warum immer gleich an einen Harem denken? Die Teestube hat eine Bar, an der zwei brave in Prada-Boss-Armani gekleidete Frauen stehen, die neuesten Handy-Modelle um den Hals. Sie wollen anonym bleiben, schließlich ist die Moskauer Geisha-Schule so etwas wie ein VIP-Etablissement. Für den höheren Ich-Trip sind drei durchschnittliche Monatsgehälter zu zahlen. Aber war die Geisha nicht immer schon den besseren Kreisen vorbehalten? Stolz zieht Oleg Frolow aus den Tiefen einer Holztruhe eine Duma-interne Zeitschrift, ein Hochglanzjournal, in dem der Geisha-Schule ein äußerst wohlmeinender und ausführlicher Bericht gewidmet ist. Entspannt und offen lächeln da Oleg Frolow und seine Frau Jewgenija von den Seiten, ein glückliches Paar, denn Frau Jewgenija ist ja auch Geisha. Lächelnd reichen wir die Hand zum Abschied.

Hinter Moskau

Vor den Toren des besseren Lebens

> *In Moskau sind alle Zugereiste, einschließlich des Stadtgründers, Fürst Juri Dolgoruki (…) Stalin und Gorbatschow waren aus dem Kaukasus nach Moskau gekommen, Lenin von der Wolga, Chruschtschow aus dem ukrainischen Dorf Kalinowka, Breshnew aus Saporoshje, Andropow wer weiß woher (…), Jelzin hatte aus Swerdlowsk (…) den Sprung nach Moskau getan und Putin vom ehemaligen Leningrad (…).*
> JEWGENIJ POPOW,
> Das ehrbare Moskau

Es stand in der Zeitung: »Infolge des allgemeinen Niedergangs der Städte bietet auch das Leben von Balabanowo ein trauriges Bild. Behörden und Stadtregierung sehen sich außerstande, die Stadt zu erhalten. Balabanowo ist zu realer Ohnmacht verurteilt.«

Regen setzt ein. Er schlägt gegen die Fenster des Busses nach Balabanowo, zwei Stunden braucht er von Moskau, aber wenn man es genau bedenkt, sind es an die fünfzig Jahre, die zwischen der Hauptstadt und Balabanowo liegen. An der Windschutzscheibe schwingt der Scheibenwischer regelmäßig hin und her. Ein paar fliegende Händler hängen müde in den Sitzen, aus Mänteln und Jacken kriecht der Geruch der Armut. Balabanowo gehört zu den Orten, in die keiner fährt, wenn er dort nicht Mutter oder Frau und Kind sitzen hat. Balabanowo – wie erklärt man das? Zwanzigtausend Einwohner, eine Streichholzfabrik, eine Hauptstraße, früher Prospekt Lenina, heute Prospekt Swoboda, ein Park mit schmutzigen Grasbüscheln, in dem halbe Autoreifen aus der Erde gucken und die klassische Parkbank ersetzen. Balabanowo ist kein Idyll, Balabanowo ist hässliche Langeweile. Ein Ort, in dem die Alten zusehen, dass sie über die Runden kommen und die Jungen, dass sie raus kommen.

Der Bus hält gegenüber dem Univermag, dem Universalkaufhaus am Prospekt der Freiheit. Das ist ein böser Name, denn gerade von Freiheit kann keine Rede sein. Weil Balabanowo zum Rest Russlands gehört, zur Welt hinter Moskau, die voll ist von unsentimentalen Lebensgeschichten. »Balabanowo – hören Sie sich das doch mal an, das ist doch schon Namenselend«, hatte der Mann in der Apotheke gesagt, bei dem ich Halsschmerztabletten kaufte.

Das Hotel Koloss, das einzige im Ort, ist das dritte Haus am Prospekt der Freiheit, gleich neben dem Kino »Fackel«, das dichte Brennnesselarmeen umstellen. In der Eingangshalle ist es beinahe dunkel, nur eine in der Decke versenkte Lampe gibt einen dünnen Schein. »Sie werden schon erwartet«, sagt die Frau an der Rezeption, die aussieht, als hätte sie die Maße Russlands angenommen. Sergej, dessen Telefonnummer ich auf einer Annonce am Ausgang der Metrostation Barrikadnaja fand, hatte vorgeschlagen, sich im Hotel von Balabanowo zu treffen. Grundsätzlich war ich ihm unwillkommen, denn ich wollte ihn ja nicht heiraten. Aber dann konnte ich ihn doch zu einem Treffen überreden, Sergej fühlte sich geschmeichelt, dass jemand aus dem Westen nach Balabanowo kommen sollte, um ihn, Sergej Spiridonow, nach seinem Leben zu fragen, ausgerechnet ihn, der doch mit seinem Leben nie so recht etwas anzufangen wusste und kein vermögenswirksames Talent besitzt, weshalb er heute mit seinen zweiunddreißig Jahren Schaschlik hinter der Tankstelle an der Ausfallstraße verkauft.

»Ich sag Ihnen was«, legt Sergej los und hält mit der einen Hand sein rundes Stoppelkinn fest, »bei uns gibt es immer noch eine Diktatur, nämlich die der richtigen Geburt. Lebst du nicht in Moskau, bist du in diesem Land verloren.« Demnach wären annähernd hundertfünfzig Millionen Russen auf verlorene Posten abonniert. Sergej guckt mich aus wilden Augen an und sieht dabei aus wie einer, der ausziehen will, das übermächtige Unrecht zu bekämpfen. Seitdem seine Mutter vor vier Jahren bei einem Autounfall ums Leben kam, hält ihn nichts mehr in Balabanowo, er will es partout nicht aushalten hier an Kilometer 101 hinter Moskau. Warum der Mann nicht einfach geht? Sergej hat keine *propiska,* keine Zuzugsberechtigung für die Hauptstadt. Man braucht einen Stempel im Pass, um nicht abgestempelt zu werden als »unerwünschtes Element«. Zweimal ist Sergej verhaftet worden in Moskau. Einmal kam er aus der Metro und stand vor einem Milizionär, der nach dem Ausweis fragte. Sergej sprudelte los von der kranken Tante, die Geburtstag habe und er sei gekommen, um zu gratulieren, doch der Milizionär nahm ihn fest. Bis zum übernächsten Tag saß er in einer Zelle am Weißrussischen Bahnhof. »Moskau scheint an vielen Orten geschlossen, ist ganz Festung«, notierte der hellsichtige Walter Benjamin einmal in seinem Tagebuch aus der russischen Hauptstadt und nahm damit Sergejs Meinung über Moskau vorweg, nur sehr viel höflicher.

Die Russen bezeichnen Menschen wie Sergej sehr präzise als *limitschiki*, ein Wort, aus dem einen das Limit anspringt und das man wohl am treffendsten übersetzt mit Zaungast. Um dazuzugehören, zu Moskau, den Moskauern und einem besseren Leben braucht Sergej Wohnung und Arbeit in der Neun-Millionen-City. Beides ist jedoch nicht ohne *propiska* zu haben, die *propiska* wiederum gibt es nur mit Wohnung und Arbeit. Ein Teufelskreis, der dazu angetan ist, die Vorfreude auf das lockende Moskau ins rechte Maß zu rücken. Alle reden noch von der *propiska*, auch wenn die Behörden seit dem Zerfall der Sowjetunion die *propiska* im offiziellen Wortlaut gegen die *registrazija* ausgetauscht haben. Eine Frage des Geschmacks.

Propiska bedeutet wortwörtlich übersetzt Einschreibung, man immatrikuliert sich in das Leben der Hauptstadt von Russland. Das klingt einfach nach viel Papierkram, ist aber in Wirklichkeit eine Strapaze, was sich schon an ihrem Preis ablesen lässt. Die *Moskowskije nowosti* veröffentlichte im vergangenen Sommer eine Tabelle mit Bestechungstarifen, nach der Moskauer Beamte etwa eine Summe von zehntausend Dollar für eine *propiska* ansetzen. So viel Schaschlik muss einer erst einmal verkaufen. Günstiger kommt Sergej mit einer fiktiven Ehe weg aus Balabanowo. Er zieht einen Zettel aus der Innentasche seines speckigen Lumberjacks, hellblau wie jener, den ich an der Metrostation fand. »Jetzt verkaufe ich mein Herz für Moskau«, sagt Sergej und setzt ein Lächeln auf, mit dem er die Tränen zurückhält. Und dann sagt er noch, dass er ein Romantiker sei, dass es ihm wohl an Realitätssinn mangle und dass er erleichtert sei, »dass Mama von all dem weiß«. Sergej hat sich mächtig ins Zeug gelegt und sein Hochzeitsgesuch säuberlich aufgeschrieben, mit seiner Telefonnummer zum Abreißen. Stichwort: *Moskowskaja propiska.*

Drei Frauen haben sich bei Sergej gemeldet. Lallend faselten sie im Vollsuff von Hochzeit und Hochzeitsreise und anderem, was Sergej mir »auf keinen Fall« wiedergeben kann. Eine sagte, sie werde anrufen und sich ihr Jawort für fünftausend Dollar überlegen, aber es kam kein Anruf. »Die Moskauer sind arrogant«, meint Sergej und sagt, dass er trotzdem Hoffnung habe. Er ist mit dem Moped gekommen, aber jetzt lässt er es stehen und begleitet mich den Prospekt Swoboda entlang zur Bushaltestelle. Es ist ein guter Tag für eine traurige Geschichte. Der Himmel ist verhangen, die Luft feucht und kalt. Aus einem Hauseingang pöbelt uns eine riesige braune Dogge hinterher. Da muss jemand ganz schön hämisch gewesen sein, diese Straße nach der Freiheit zu benennen.

Maschen fürs Miteinander

Bei den wilden Hauptstadtstrickern

Einundzwanzig, zweiundzwanzig, dreiundzwanzig. Viktoria Jurjewna nimmt Maschen auf, abwechselnd gelb und orange. »Ich stricke einen Toaster, Modell Aurora«, sagt sie. Oha, denkt man irritiert und erinnert sich mit Schrecken an die gehäkelten Klopapierschreine, mit denen die Republikaufbauer einst über die Autobahn zuckelten. Aber dies ist nicht die Geschichte von flauschigen Kaffeehauben, Eierwärmern, Ohrenschützern und Hundeleibchen. Dies ist die Geschichte von hintergründig-verspielten Stadtstrickerinnen und -strickern, die die Russen neue Maschen lehren wollen.

Viktoria Jurjewna klappert flink mit den Nadeln, im Nu sind vier kleine Toasterbeine fertig. Es hat etwas Bezwingendes, wie sie strickt, noch dazu mit einem Satz aufgeklebter Fingernägel, die auf den Stricknadeln für ein feines Geräusch sorgen, tik-tik, tik-tik, so als vibriere ein Teeservice aus Porzellan auf einem Silbertablett. Viktoria hat feuerrote Zöpfe, zu denen sie einen gelben Seidenanzug trägt. Die Augen strahlen mittelmeerblau, das bekomme sie mit diesen Kontaktlinsen aus Korea hin, sagt sie und schaut mich bedeutungsvoll an. Keine Frage, sie hat das Zeug aufzufallen, auch wenn sich auf Moskaus Straßen eigentlich niemand mehr über irgendwen wundert. »Wenn ich erzähle, dass ich den ganzen Tag stricke, halten mich alle für verrückt.« Keiner nehme ihr die Nadelarbeit ab, schnaubt sie, dabei sei Stricken doch längst nicht mehr nur Sache der *babuschkas*.

Es klingelt, Cockerspaniel Wassilissa schnappt nach silberfarbenen *tapotschki* und eilt zur Tür. Igor ist gekommen, Viktorias Freund und Moskauer Stricker der ersten Stunde, der einen schwarzen Hut als Markenzeichen spazieren trägt. Man ahnt, dass hier Exzentriker am Werk sind, die sich ein Spiel von größter Einfachheit und schönster Spinnerei, aber auch ein Spiel mit doppeltem Boden ausgedacht haben. Und das geht so: Viktoria strickt Toaster, Igor strickt Gemüse – Gurken, Tomaten, Porree –, Natascha strickt Staubsauger und Lippenstifte, Mascha strickt Fernseher, Andrej und Boris stricken Kochlöffel, Kartoffelstampfer, Suppenkelle oder Bratenspieße, die immer gleich zu einem Wollhäufchen zusammenfallen, wenn man sie aufnehmen will. Was man damit machen soll? Finale. Die Maschen am Ende aller tragbaren Pullover, Pullunder und Socken. Schon der Anfang dieser Handarbeiten ist das Ende allen Utilitarismus. »Niemand mehr in diesem Land unternimmt etwas, ohne dass er sich davon einen Nutzen verspricht«, sagt Igor und schüttelt besorgt den Kopf. Also, vor allem Moskau sei so was von berechnend geworden. Und dagegen stricken sie an. Die Stadthandarbeiter treffen sich in Clubs, Diskotheken, in der Metro, in Parks und Cafés, eine Garn-Avantgarde, die die Kanten einer knallharten Welt mit Wolle umwickeln will. Eine Idee, die Fäden zog und viele Menschen miteinander verstrickte.

Am Anfang war man ein schrilles, spleeniges Grüppchen, eine Hand voll Kunststudenten, die sich nicht in den Moskauer Galeriebetrieb einbinden lassen wollten und wohl auch nicht ließen. Da entstand die Idee, mit Selbstgestricktem den gläsernen Moskauer Business-Biotopen etwas von ihrer Kälte zu nehmen. »Diese Stadt ist zu schnell bereit. Sie verkauft sich und ist dabei geistlos geworden«, klagt Viktoria und schaut von ihrem in Windeseile wachsenden Werk aus rechten und linken Maschen auf. Mittlerweile sind die Stricker zu einer in Moskau recht präsenten Bewegung angewachsen, zu einem weit gespannten Maschennetz mit Satellitennetzen in London und New York. Man kennt einander und hält sich auf dem laufenden Faden, etwa über neue Strickmodelle oder Aktionen und Handarbeits-Happenings. Die Moskauer Kunst- und Kulturzeitschrift *monopol* titelte einen Bericht über die Strickpartisanen mit dem Ausruf *eto prosto kaif*, was man mit »Das ist einfach geil« übersetzen mag.

Viktoria lacht schrill auf. Ihr alter Vater, der nach seinem zweiten Herzinfarkt aufs Stricken als Beschäftigung kam, weil er nicht mehr allein hinausfahren konnte, zur Datscha, sei mehr als peinlich berührt gewesen und der Nadelarbeit hätte in seinen Augen plötzlich etwas Unanständiges angehaftet. »Fast hätte er alles wieder aufgetrennt«, gluckst Viktoria. Dabei ist der Vater »noch nicht so weit«, dass er zweckfrei stricken würde, er hält sich bislang an die strengen Regeln für Socken, Größe 43 und Größe 28, fürs Enkelkind. Igor fällt ein, dass er sich anfangs auch etwas schwer damit getan habe, zu stricken um des Strickens willen. Es ließ sich jedoch ein sanfter Übergang finden vom zweckhaften zum zweckfreien Handarbeiten. Igor strickte Quadrate, große Vierecke, die er anschließend zu einem Pullover XXXXXL zusammennähte. *Switer dlja Rossii,* ein Pullover für Russland nannte sich denn auch die Vernissage am Miusskaja Platz, auf dem man das Riesenteil im vergangenen Sommer ausbreitete. »Eine starke Aktion« sei das gewesen, sagt Igor, man habe den Pullover um Mitternacht in tausend kleine Strickfetzen zerschnitten und an das Publikum verteilt, da konnte dann jeder warme Russlandmaschen mit nach Hause nehmen. Im Internet gab es ein Forum, über das man Erfahrungswerte mit dem zwei mal zwei Zentimeter Russlandpullover austauschen konnte. Eine siebenundvierzigjährige Olga schrieb dazu: »Glauben Sie mir, seitdem dieses Stück Ihres Pullovers bei uns zu Hause auf der Fensterbank liegt, hat sich die Atmosphäre in unserer Familie sehr verbessert.« Igor findet das nur folgerichtig und wundert sich kein bisschen. Schließlich hat er ja viel Liebe mit eingestrickt, viele gute Energien zwischen den Maschen eingefangen.

Politik fängt mit P an

Geheimdienstler in der Mittagspause

Das Paradies kann man schöpfen.
Aber nur mit höllischer Arbeit.
RUSSISCHER HUMOR

»Die kommen jeden Mittag hierher«, sagt Swetlana und deutet mit dem Kinn auf die gegenüberliegende Straßenseite der Bolschaja Lubjanka, anständige Gäste seien das, die nicht rauchten, Wodka in Maßen tränken und sich ansonsten unauffällig gäben. Swetlana mag ganz offensichtlich Männer, von denen eine beherrschte Strenge ausgeht. Ihr Lob gilt den Mitarbeitern des Federalnyj Servis Besopasnesti (FSB), des russischen Geheimdienstes. Woanders mag man gewöhnlich wenig Kontakt haben zu Geheimdiensten, die KGB-FSB-umschnüffelten Russen hingegen treffen immer mal wieder bekannte Gesichter. Der Vater meines Freundes Boris zum Beispiel saß neulich in der Philharmonie und, siehe da, zwei Sitze neben sich hatte er den zuverlässigen KGB-Beamten, der ihn 1983 einmal aus der Klinik hatte abholen lassen und ihn in der Lubjanka zwei Stunden mit Fragen gelöchert hatte. Kennen Sie Jakimow? Wie war das mit Leikin? Hat die Dementjewa Kontakt zu ihrer Schwester in Brooklyn? Wollten Sie nicht etwas von der Serpuchowa erzählen? Der Vater meines Freundes wollte nicht erzählen, deshalb kam zwei Monate später ein neuer Chefarzt an die Klinik. So etwas vergisst man nicht. Und dann, nach zwanzig Jahren, trifft man sich plötzlich wieder bei Chopins Scherzi. Zeit für eine kleine Rache? »Nein«, sagt Boris' Vater, »diese Zeiten fangen ja gerade wieder an.«

Heute ist der FSB Hausherr in der Bolschaja Lubjanka. Die Straße macht kein Geheimnis aus ihrer Bestimmung, die Gebäude wenden sich Passanten mit mächtigem Rustica-Mauerwerk zu, das einen das Frösteln lehren kann. Fotografieren streng verboten. Mit reichlich Bildmaterial empfiehlt sich dann aber das Restaurant »Schwert und Schild«, Bolschaja Lubjanka 20: Jede Menge Sonnenschein fällt an diesem Septembervormittag vom wolkenlosen Himmel durch die großen Fenster und dringt in Strahlenbündeln durch Swetlanas frisch toupierte Hochfrisur. Stalin, groß und in Öl neben Lenin an der Wand, hätte seine helle Freude gehabt an so einer wie Swetlana, wie sie so fesch die Gäste bedient in ihrem militärgrünen, kurzen Röckchen, das die strammen Beine gut zur Geltung bringt. Überhaupt Stalin: Man fühlt sich in dem Restaurant »Schwert und Schild« unvermittelt in seine Zeit zurückversetzt, dafür sorgen auch die eisernen Zeitgenossen, all diese Berijas, Jagodas, Jeschows, die fest entschlossen aus der Porträtstrecke an der Wand blicken. Alle führenden Größen des sowjet-russischen Geheimdienstes von 1917 bis heute sind da versammelt, gerade so als nähmen die Pflichten kein Ende.

Die Familie stärkt aber wohl auch das Wir-Gefühl von denen, die gegenüber in den neun Etagen des FSB arbeiten und sich beim Mittagessen ganz offensichtlich an einem Jurij Andropow im Bronzeanzug erfreuen (Putins Vorgänger im Karrieresprung) oder an einem Felix Dserschinskij, dem Gründervater des Geheimdienstes mit dem Beinamen »der Eiserne«, der aber jetzt hier in Bronze auf einem halben Quadratmeter Kunstrasen steht. »Nehmen Sie doch als Vorspeise ›Hering unter dem Pelz‹«, sagt Swetlana, als ich sie nach der Spezialität des Hauses frage. *Seljodka pod schuboj* – ein feines Agentengericht, in dem sich der Hering unter einem Rote-Beete-Mantel dem Blick entzieht.

Und dieser sonnenbebrillte Mann vor dem Fenster, steht der nicht schon ein bisschen zu lange da? Sieht der etwas, was andere nicht sehen? Soeben betritt, umringt von befreundeten Sicherheitsleuten, ein offenbar Großer des Geheimdienstes das Restaurant. Sein Aktenkoffer landet in hohem Bogen auf einem Stuhl, herzliche Begrüßung mit Swetlana, er knöpft das grausilberfarbene Jackett auf und nimmt Platz in der Pose eines Handlungsreisenden, der eine gute Woche hinter sich hat. So sehen sie also aus, die in Russland das Glück immer in die Hand nehmen wollen. Man könnte voreilig meinen, dass sich die geheimdienstlich gestützten

Aufgaben seit Auflösung der Sowjetunion in Russland verknappt hätten. Doch Wladimir Putin erfand den Prototyp der »gelenkten Demokratie«, die demokratisch gesehen ziemlich ungelenk daherkommt und schon eher nach dem Prinzip funktioniert: Der Demokrator Putin kann alles und alles Übrige macht die Familie, der FSB.

»Wollen Sie anschließend den Businesslunch?« Swetlana stellt den gut getarnten Fisch ab und rückt die Klappen ihrer scharfkantig gebügelten Bluse zurecht. Ich fühle mich beobachtet, aus teigigen Gesichtern gemustert – wer außer den Familienmitgliedern möchte schon in Gesellschaft von Schdanow & Co speisen? Dieser *National-Geographic*-Leser da drüben am Tisch, liest der überhaupt? Ich mache mich verdächtig und beginne zu ahnen, wie es sich anfühlt, das Unbehagen, die Angst, die allerorts wieder in den Leerstellen der russischen Gesellschaft wuchert. »Zensur?«, lachte eine Kollegin vom *Kanal Kultura,* »die brauchen wir nicht. Nichts ist verlässlicher als die Selbstzensur im Kopf, der entkommt man nicht.« Auch das gehört zum Business von WeWePe, wie Freunde Wladimir Wladimirowitsch Putin nennen.

Putin ist weltrekordhoch dosiert im »Schwert und Schild«. Sein aufgeräumtes Erscheinungsbild harmoniert dabei besonders gut mit der sachlichen Atmosphäre des Restaurants, das in etwa den Charme einer Bella-Napoli-Eisdiele in Dortmund verströmt. Nur oben im ersten Stock, in den gediegenen Eichenholz-Separees, da wird es gemütlich. Da finden bestimmt fröhliche Runden statt, wenn sechs, sieben Leute um den Tisch beim Businesslunch sitzen und den Präsidenten hinter sich wissen. Im übertragenen Sinne und wortwörtlich auch: An allen Wänden und der Geborgenheit im Schoße des Staates zu Diensten hängt Putin zwischen weißrotblauen Nationalfahnen. Hier als schmallippig lächelnder Staatsmann, dort als zäher Judokämpfer oder schneidiger Staatenlenker. Und immer sieht der Mann aus, als halte er seine Brieftasche fest. Aber sein anderer Arm, der reicht weit ins Land hinein. Unten, im Entree des Café-Restaurants, liegt die in dunkles Kunstleder eingefasste *kniga blagodarnestyj* auf, ein Gästebuch, das Frau Sokolowa aus Rjasan dazu ermunterte, einen P-Satz zu formulieren: »Po planete pastawjat pamjatniki Pervomu Presidentu Planety Putinu.« Zu Deutsch: »Überall auf dem Planeten wird man Denkmäler errichten dem Ersten Präsidenten des Planeten Putin.« Gott sei Dank fiel auch Herrn Andrejew, der seine Herkunft nicht verraten wollte, ein P-Satz ein: »Poscheluista prekratitije portrete Putina presentowatj po politischeskomu powodu praktitscheskij posjudu.« »Bitte hört auf, Putins Porträt aus politischen Gründen überall zu präsentieren.«

Im Bann des Absoluten

Ein Besuch bei Pater Daniil und seinen Schülern

»Njet«, sagt Pater Daniil, ich könne leider nicht in die Akademie, das sei ein allein den Rechtgläubigen vorbehaltener Ort. Pater Daniil ist etwas verlegen über die Pause, die sich nach seinem Verbot ergibt und macht eine händeringende Bewegung, die wohl bedeuten soll, dass er nur die Anweisungen seines Vorgesetzten befolgt. Mit einem inneren Achselzucken führt er mich weg von der verbotenen hellen Holztür, die jedes Mal in den Scharnieren kreischt, wenn jemand rein- oder rausgeht. Da steht es ja auch in krakeliger Handschrift auf einem Zettel: »Katholiken und Protestanten werden gebeten, die Akademie nicht zu betreten. Es ist verboten, katholische oder protestantische Gebete zu sprechen.« Wenn man so durch das halb verfallene Tor vom Ufer der Moskwa kommt und in dem verlotterten Garten zwischen der Kirche und dem Haus des Awerkij Kirillow steht – man möchte den Zarengärtner dafür küssen, dass er sich einen Hof wie aus dem russischen Märchen baute – wenn man also hier im hohen Gras steht (ein Paradies für Katzen!), würde man gar nicht vermuten, dass man es mit einem so durchorganisierten Gelände zu tun hat.

Keine Frage: Die Orthodoxie hat nach dem gescheiterten siebzigjährigen Experiment vom Himmel auf Erden das Land wieder fest im Griff und alle anderen, die auch die russische Spiritualität umwarben, weit abgehängt. Ein Erfolg, der auf dem ebenso alterprobten wie reibungslosen Zusammenspiel zwischen Kirche und Staat fußt. Auch in der Rhetorik macht sich die selige Verbindung immer wieder bemerkbar, ließ seine Heiligkeit Patriarch Aleksi II. doch wissen, dass die Tätigkeit westlicher Missionare in Russland der Nato-Osterweiterung gleichkomme. Nato-Osterweiterung, muss man dazu wissen, ist in Russland für Staat und Kirche gleichermaßen ein Wort, durch das der Teufel persönlich spricht.

»Junge Seelen muss man besonders schützen«, setzt Pater Daniil zu einer Erklärung der verschlossenen Tür an und greift sich nachdenklich in seinen altrussischen Bart. Das Haupthaar trägt der Geistliche zu einem langen Zopf gebunden, dessen Spitze er im Laufe unseres Gesprächs immer wieder mit den Händen sucht, als sei es der direkte Draht zum Himmel: Pater Daniil ist so ganz der Typ, der alle irdischen Angelegenheiten mit dem Allmächtigen bespricht. Etwa wenn er krachend hustet, sich nach diesem Ausbruch fix bekreuzigt, weil ja der Teufel diesen unkontrollierten Moment hinterrücks zum Einstieg in den Körper nutzen könnte, wie die Orthodoxen glauben, und dann Gott gelobt, dass er ab sofort einen stärkeren Hustensaft einnehmen werde. Nach der kurzen Rücksprache mit dem Höchsten ist Pater Daniil wieder ganz für mich da. Wir drehen bereits die dritte Runde ums Haus.

Dreiundzwanzig Schüler, aufgeteilt in eine Mädchen- und eine Jungenklasse, werden zurzeit für den Kirchendienst ausgebildet, so viele wie lange nicht mehr. Der Pater schlägt ein Kreuz und sagt, dass man dafür dankbar sein müsse. Die Ausbildung verlange den Jugendlichen viel ab, nicht jedermann sei für die Kirchenarbeit geschaffen, gibt er zu bedenken. »Man muss vom Glauben geleitet werden.« Der Tag beginnt für die Seminaristen um sechs Uhr mit dem Morgengebet vor der Ikone der Gottesmutter von Smolensk. »Wer mit ihr gesprochen hat, ist für den Tag gerüstet«, weiß der Pater. Manche Tage beginnen auch vor der Nowgoroder Ikone von Nikolaus dem Gefälligen, auf dessen Hilfsbereitschaft man sich, wie der Name schon sagt, »unbedingt verlassen kann«. Im Anschluss an den Gottesdienst ist eine Stunde Studium der Heiligen Schrift festgesetzt. Das Frühstück dann lenkt keineswegs vom Wesentlichen ab: braune Buchweizengrütze, dazu Tee. Anschließend vertiefen sich die Eleven wieder ins Zwiegespräch mit Gott: Bekenntnis, Beichte, mystische Versenkung. Nachmittags steht gottgefällige Arbeit auf dem Stundenplan. Und wenn Pater Daniil sagt, dass es darum gehe, dort, wo nur Oberfläche regiere, ein Dach für das wahre Leben zu errichten, dann überkommt ihn sichtlich ein Moment behaglicher Selbstzufriedenheit, weil sich seine bildlich gesprochenen Worte gerade so schön mit der Wirklichkeit decken. Er streckt seinen Arm aus der schwarzen Kutte in den Garten hinaus. Aus den Büschen und der Brombeerwildnis kommen junge Seminaristen, Gesichter wie aus Porzellan, und fahren Zementsäcke mit der Schubkarre vors Haus, das gerade generalüberholt wird; es wäre auch nicht übertrieben, von der Auferstehung aus Ruinen zu sprechen.

Mein Blick bleibt gerührt an den Beeten hängen, auf denen sie Phlox und Rosen mit einer Hingabe hegen, zu der vielleicht nur Menschen fähig sind, die in kontemplativer Quarantäne leben. Wie ausgeschnitten aus der Zeit scheinen auch die Mädchen, die Bretter durch den Garten zum Haus tragen. In ihren knöchellangen blaugrauen Röcken und mit dem am Hinterkopf gebundenen Kopftuch, unter dem das Haar herausfällt, wirken sie wie imprägniert gegen alle Zudringlichkeiten des Lebens. Natürlich gebe es auch Probleme, sagt Pater Daniil, »manche kommen, die Zuflucht suchen vor sich selbst.« Die Zeiten seien haltlos, diagnostiziert er und wedelt mit der Kordel, die seine Kutte zusammenhält. Was dann folgt, ist ein Satz, der wie aus einem Dossier des Patriarchen klingt: »Der Machbarkeitswahn und Individualismus der westlichen Welt tun Russland nicht gut.« Man zieht unwillkürlich den Kopf ein bei diesen mit alttestamentarischer Wucht vorgetragenen Thesen über den nötigen russischen Sonderweg. Wie rettet man die russische Kultur vor der Furie der Verwestlichung? Oder wie legt man die Moderne mit ihrem anbrandenden Unflat auf Eis? So etwas fragt man sich hierzulande nicht ohne Genuss unter fünf Kuppeln. »Man muss den Wunsch haben, dass Russland bald wieder Kraft gewinnt für die Gottesträgerschaft«, sagt Pater Daniil.

Es ist still auf der Insel in der Moskwa, nur das dunkle Glockengeläut der Erlöserkathedrale am gegenüberliegenden Ufer füllt ab und zu den Himmel. Dank einem Spendenaufkommen von 160 Millionen Euro aus der russischen Geschäftswelt, die gewiss einiges daran setzen sollte, den Himmel gnädig zu stimmen – und Steuern sparen konnte man natürlich auch; dank also dieser eifrigen Freigiebigkeit ist die 1931 von Stalin in die Luft gesprengte Kirche seit ein paar Jahren wieder in Form. Und in was für einer: Die Gebäudemassen der 103 Meter hohen Kathedralenkopie werden nur noch von den Stalin-Hochhäusern übertroffen. Ein typisches Projekt des Moskauer Bürgermeisters Jurij Luschkow: nicht zu übersehen. Aber so gefällt es ja auch der Kirche. Warum um Himmels willen und um alles in der Welt müssen Metaphysiker und Utopisten in Moskau immer um die Wette laufen?

Jeden Tag hat Pater Daniil »Russlands Symbol nationaler Wiedergeburt« vor Augen, wenn er in seine kleine, bunt bemalte Nikolauskirche geht, die sich mit Spitzendeckchen aus Stein schmückt. Im Vorraum steht ein Sack Kartoffeln, Vorrat für den kommenden Winter. Pater Daniil gibt ihm im Vorübergehen einen freundschaftlichen Klaps, ganz so, als sei er glücklich darüber, dass das Heil einmal nicht auf dem endlosen Weg voller Gefahren auf sich warten lässt, sondern schon da ist, ganz einfach, fassbar, glücklich am Ziel.

Wenn der Wasserhahn tropft

Ehemann für drei Stunden zwanzig

»Da habe ich wirklich ganze Arbeit geleistet«, meint Oleg und man sieht ihm, so wie er das sagt, noch an, wie alles ausgesehen haben muss. All die Tapeten, die jahrzehntelang übereinander geklebt worden waren, fünf Schichten voll schmierigem Schmutzfilm. »Als die Frau nach Hause kam, ist sie mir um den Hals gefallen.« Oleg wird nachdenklich. Das sei schon öfter vorgekommen, dass ihm Frauen vor lauter Dankbarkeit um den Hals gefallen seien. »Nicht gerade üblich für Russland, so viel Temperament«, meint er, aber jetzt, wo er es ausspricht, leuchtet ihm auch gleich der Grund für den Überschwang ein: »Die sind ja aufgeschmissen ohne mich.« Das mag etwas vermessen klingen, ist es aber nicht, wenn man weiß, dass das Warten auf einen russischen Handwerker einer gleichsam kontemplativen Übung gleichkommt. Und wenn er überraschenderweise doch auftaucht, ist das nicht immer ein Glück. Meist kippt er erst einmal einen Wodka, um einigermaßen lebendig zu werden, bei der Arbeit flucht er dann ungeniert und richtet womöglich noch größeren Schaden an. Was also tun, wenn kein Mann im Haus ist, aber der Wasserhahn tropft, das Abflussrohr der Toilette mal wieder verstopft ist, der Putz untertassengroß von der Decke fällt oder die Fenster für den Winter verklebt werden müssen?

Seine Kumpels, sagt Oleg, hätten ihn als »Weichei« abgetan, das glaube, es müsse den Weibern erst was Gutes tun, bevor es sie abschleppe. Triumphierend zieht er an seiner Zigarette. »Andrej, der den Mund besonders weit aufgerissen hat, der ist jetzt auch dabei.« Als Kleindealer habe der Freund es eines Tages mit Revierfeinden zu tun bekommen, erzählt Oleg, da habe er sich für einen ruhigeren Job bei der Agentur »Ehemann für eine Stunde« entschlossen. »Anständige Arbeit ist auch was wert, da kann man besser einschlafen«, sagt Oleg und bringt das Kunststück fertig, zu sprechen, ohne dass seine Zigarette im Mundwinkel auch nur zuckt. Das hat er bestimmt bei seinem Job gelernt, denn da hat er immer beide Hände voll zu tun. Seit knapp einem Jahr ist Oleg bei der Moskauer Agentur »Musch na tschas« tätig, ein Start-up-Unternehmen, das Ehemänner für eine Stunde vermietet. Oleg ist mit seinen strohblonden, zotteligen Haaren und dem Holzfällerbart nicht gerade das, was man ein Bild von einem Mann nennen könnte, aber hinter der Agentur verbirgt sich ja auch keinesfalls ein Service für intime Liebesdienste, vielmehr verstehen sich die Leihgatten auf handwerkliche Probleme aller Art. »Der Ehemann für eine Stunde – welche Ekstase« titelte die *Prawda* und kam auf das

Glück der Frauen zu sprechen, dass die bestellten Ehemänner denselben Job verrichteten wie die hauseigenen, im Unterschied zu diesen aber den Vorzug hätten, nach getaner Arbeit wieder zu gehen. Es gibt wohl viele Gründe, warum das Konzept ein Erfolg werden musste. Natürlich auch weil in der russischen Wohnung für gewöhnlich immer irgendetwas klemmt, tropft, rinnt und hakt. Auch die Moskauer Scheidungsrate schiebt das Unternehmen gewaltig an: Zwei von drei Ehen werden in der russischen Hauptstadt wieder aufgelöst. Oleg ist seit drei Jahren wieder allein stehend. Er habe in einer mobilen Röntgenstation gearbeitet, sagt er, da sei er manchmal Wochen unterwegs gewesen, »zwischen Moskau und Omsk«. Einmal kam er aus Kasan nach Hause, da waren Frau und Töchterchen ausgezogen. »Jetzt bin ich mehrfacher Familienvater«, freut er sich und haut sich mit der starken Hand auf den Schenkel.

Wir sitzen in dem kleinen Büro von »Musch na tschas«, in dem es außer einem Schreibtisch, einer abgetakelten Schreibtischlampe und drei Schreibtischstühlen acht Telefone gibt, die unablässig klingeln. Dazu läuft der Fernseher. An der Wand hängt das Matterhornmassiv. »Unsere Männer können auch einen Nagel gerade in die Wand schlagen« – verspricht der Werbeslogan der Leihgatten, die sich um sämtliche anfallende Reparaturen im Haushalt kümmern. Manchmal, sagt Oleg, käme auch ein »Sonderauftrag« rein, vor zwei Wochen etwa hätte er mit einer Palette voller Setzlinge raus zur Datscha zum Pflanzen fahren müssen. Einmal sei er auch wegen unzähliger Marschkolonnen Kakerlaken gerufen worden, aber am Ende habe man die Jagd dann doch lieber einem Profi überlassen. Etwas »delikat« fand Oleg hingegen den Ruf in den achten Stock eines Hauses in der Bolschaja Grusinskaja, wo er das Türschloss auswechseln musste, nachdem der Ehemann endlich ausgezogen war.

Am liebsten sind Oleg die Stammkundinnen, bei denen er tapeziert, die Fenster abdichtet, neue Leitungen verlegt, die Waschmaschine anschließt, den Lüster aufhängt oder den Balkon zum Sommer hin wieder auf Vordermann bringt. Da ist der »Ehemann für eine Stunde« ganz in seinem Element, ganz Ehemann eben. Am Abend sind dann für gewöhnlich auch noch ein Teller Suppe und hundert Gramm Wodka drin. Mit Ljudmila sei er sogar mal richtig versackt, nachdem er ihren »rachitischen Staubsauger« repariert hatte. Oleg krempelt sich die Ärmel runter. »Draußen war es Winter und wir tranken eine Flasche Wodka nach der anderen.« Ljudmila, das spürte Oleg, hätte es gefallen, wenn er dageblieben wäre, über Nacht, aber Job ist nun mal Job und Oleg ist nach Hause gegangen. Da ist er sehr genau. Wie überhaupt im Leben, etwa wenn er in direkten Kontakt zu dem Nachrichtensprecher tritt, der im Fernsehen gerade Russlands Wirtschaftswachstum in vielversprechenden Zahlen verliest und Oleg verächtlich den Kopf zur Seite dreht und ihn anfährt: »Na Junge, das war jetzt aber gelogen.«

Für besonders treue Gattenmieterinnen hält die Agentur Kundenkarten bereit, die »Goldene« und die »Silberne Ehemannkarte«, die zehn beziehungsweise fünf Prozent Preisnachlass gewähren. Ehemänner für eine Stunde kann man rund um die Uhr bestellen, bei einer Stunde fällt ein Honorar von zweihundertfünfzig Rubel an. Das ist nicht viel, daher rufen mitunter sogar genervte Ehemänner an und bestellen einen zweiten Mann ins Haus, der ihren Job übernimmt. »Was die sich manchmal bieten lassen müssen«, empört sich Oleg, knallharte Frauen gebe es, die dem Mann keine Ruhe ließen und ihm unablässig in den Ohren lägen, »weil der Duschkopf wackelt«. »Die können einen zugrunde richten«, weiß Oleg und lehnt sich gelassen zurück. Er, er kann ja wieder gehen.

Das Haus am Ufer

Moskaus erste Wohnadresse

Dieser Blick lässt die Seele fliegen. Die roten Mauern des Kreml, die Festungstürme, die mit den goldenen Zwiebelkuppeln um Präsenz wetteifern, das ist Moskau, so wie es die Welt kennt und gerne sieht. Märchenhaft, exotisch. Wer in der Serafimowitscha Nr. 2 wohnt, wacht mit diesem Blick auf und geht mit ihm zu Bett. Sobald man die Vorhänge vor den hohen Fenstern zurückzieht, schaut der Kreml herein. Als Alexandra Wladimirowna das erste Mal im Leben verliebt war, schrieb sie in ihren Atem zwischen die Kremltürme auf der Fensterscheibe ein S, ein S für Sergej, den hatte sie im Komsomolzenlager in Sewastopol kennen gelernt. Damals war sie gerade achtzehn geworden und die Sowjetunion hatte den Krieg gewonnen. Als die Mutter das S am Fenster fand und nachfragte, hatte Alexandra Wladimirowna schnell eine Ausrede zur Hand. Noch fast sechzig Jahre später ist sie amüsiert. »Ich sagte einfach, das S ist ein S für Stalin.«

Sergej erwies sich in der Folgezeit als »schlechter Mann«, der Alexandra schnell schwängerte und auch sonst nicht viel verstand. Sie zog daher erst gar nicht aus bei den Eltern und brachte Zwillinge zur Welt. Zwei Mädchen, die den

Frauenhaushalt in der Serafimowitscha auf Trab hielten. »Meinen Vater bekamen wir so gut wie nie zu sehen«, sagt Alexandra Wladimirowna, »er arbeitete Tag und Nacht im Kreml.« Noch heute klingt unverkennbar Stolz aus ihrer Stimme, wenn sie von ihrem Vater spricht, einem Mitglied der Nomenklatura unter Stalin, leitender Angestellter im Ministerium für Elektrifizierung. Er hatte einen Chauffeur, der ihn morgens in einer schwarzen Limousine abholte und meist erst nach Mitternacht wieder nach Hause brachte. Ein Luxusleben war das nicht. Aber ganz Moskau beneidete einen um die feine Adresse im Haus am Ufer der Moskwa. Draußen konnten sie ja nicht wissen, wie entfesselt der Stalin'sche Terror in diesem Haus wütete. »Alte Jahre« nennt sich das Antiquariat im Erdgeschoss. Das kann nur jemand eröffnet haben, der nichts von der Geschichte des Hauses wusste, denn mit Erinnerungen lässt sich hier kein Geld verdienen.

Wie ein gestrandeter Ozeandampfer sieht dieses hunderteckige Haus am Ufer der Moskwa aus, grau und massig zieht es selbstsüchtig alle Blicke auf sich. »Dass es den dreizehnten Aufgang im Haus nicht gibt, ist ein Gerücht«, sagt Alexandra Wladimirowna leise mit finster zusammengezogenen Augenbrauen und spielt auf eine geheimnisumwobene Geschichte an, die man sich in ganz Moskau erzählte. In dem fünfundzwanzig Aufgänge zählenden Haus fehle der dreizehnte, der Aufgang mit der Zahl des

Unglücks. Heißt das nicht den Teufel versuchen? Muss er da nicht vom ganzen Haus Besitz nehmen?

Der Teufel, er hieß Stalin. Alexandra Wladimirowna würde das so nicht sehen, aber die Geschichte weiß es besser. 1931 gab der Generalissimus ein Haus für seine Minister in Auftrag, für die sowjetische Nomenklatura, die er beisammen haben wollte, das erleichterte ihre Kontrolle. Auf einer Insel in der Moskwa vis-à-vis vom Kreml fand sich das Baugrundstück, ein »blutiger Platz«, sagt Alexandra Wladimirowna und bezieht sich auf längst vergangene Geschichte, als Iwan der Schreckliche in dem sumpfigen Gelände seine Folterkammern unterhielt. Eine Tradition, die sich fortschrieb. 1931 war das Haus nach Plänen des berühmten Architekten Boris Iofan fertig gestellt, der größte Wohnkomplex der Welt, der modernste auch, mit Telefonanschlüssen, warmem Wasser, Gas und Zentralheizung in jeder Wohnung. Adresse für dreitausend Menschen, ein Staat im Staat, der nach dem Vorbild der Pariser Kommune funktionieren sollte. Der Kreml stellte das Mobiliar, zum Essen ging man in die Kantine, am Wochenende kam man zum Tanzen in den Hausclub. Moskau, die beste aller möglichen Welten. Manche Bolschewiken taten sich mit dem ungewohnt komfortablen Leben gar schwer, zu verschwenderisch erschien ihnen etwa die Aufteilung des Wohnraums, es gab Weggefährten Lenins, die um »Verdichtung« baten und sich besser fühlten, nachdem sie ihre Vierzimmerwohnung mit noch zwei anderen Familien teilen konnten. So waren sie damals, die »Neuen Menschen«.

Bei Tamara Ter-Egisarjan läuft der Fernseher. Über das Programm kann sie sich in letzter Zeit so richtig ärgern. Eine Mittwochabend-Serie bringt sie auf, eine Familiengeschichte aus der Breschnew-Zeit mit den allüblichen Verwicklungen, zu denen es gehört, dass der Vater, ein hohes Tier in der Regierung, eine Geliebte hat. »Die sowjetischen Kader hatten nie Geliebte«, weiß die alte Dame es besser und streicht sich über die gezupften und gefärbten Augenbrauen. Tamara Ter-Egisarjan hat in diesem Jahr ihren 95. Geburtstag gefeiert. Man sieht ihr an, dass sie noch immer auf ein akkurates Erscheinungsbild achtet, der Geist ist hellwach und ihre Sprache voller Witz, allein der in sich zusammengesackte Körper macht ihr zu schaffen. Leise ächzend sitzt sie am Tisch vor einem Stoß Bücher und Papiere und erzählt. Wie sie damals, 1931 war das, zum Bruder zog, der es zum Volkskommissar gebracht hatte. Aufgang Nr. 25, Wohnung 489. Da lebt sie noch heute. Wie sie im Morgengrauen in die Fabrik ging und erst am späten Abend zurückkam und vor lauter Erschöpfung nur noch ins Bett fiel. Wie sie ihre Nachbarn deshalb nie zu Gesicht bekam und immer tief schlief, als die Wagen vorfuhren und die Nachbarn abholten. Da muss viel Bewegung im Haus gewesen sein, siebenhundert Bewohner, zählte man später, wurden Opfer der Stalin'schen Vernichtungsmaschinerie. »Ihre Arbeit läuft gut«, ließ der Kremlchef anerkennend seinen Henker Jeschow wissen, der für die »Säuberung« in den Reihen der Altbolschewiki und Mitstreiter Lenins zuständig war.

Erst mit der Perestroika leistete sich Tamara Ter-Egisarjan den offenen Blick. Und so hartnäckig, wie sie vielleicht als junge, überzeugte Kommunistin die Augen vor der Wirklichkeit verschlossen gehalten hatte, so schonungslos stellte sie sich nun der historischen Wahrheit. Akribisch rekonstruierte sie die Lebensgeschichten der ehemaligen Nachbarn, trug Briefe, Fotografien und andere persönliche Dinge der Hausbewohner zusammen, schrieb ein Buch und richtete ein kleines Museum ein. Vogelartig nickt sie mehrmals hintereinander mit dem Kopf. »Ich wollte eine lebendige Vergangenheit, an die man Fragen stellen kann«, sagt sie. Dafür fand die Armenierin Gleichgesinnte, außer ihr gibt es noch vier andere alteingesessene Hausbewohnerinnen, von denen jede die Chronistenpflicht jedoch so messerscharf ernst nahm, dass man darüber in Streit geriet. Tamara Ter-Egisarjan hält sich an ihrer Lupe fest. Die alte Dame hat sich noch immer nicht so recht damit abgefunden, dass die Schwestern Schmidt das Museum betreiben. »Ich würde es wohl gar nicht mehr schaffen«, seufzt sie schließlich mit selbst auferlegter Aufgeräumtheit.

Das Leben ist anders geworden mit dem hohen Alter, aber da, wo sie kann, bringt Tamara Ter-Egisarjan noch heute die Dinge in Bewegung. So wie sie die Leute vom Supermarkt »Der Siebte Himmel«, der den Platz des Gastronomen Nr. 5 unten im Haus eingenommen hat, davon überzeugen konnte, dass sie den bedürftigen Alten im Haus gratis das Mittagessen liefern. Kein Vergleich sei das zwar mit dem Essen, das es damals in der Kantine gab – »Kamtschatka-Krabben!«, »Kaviar!«, »köstliche Frikadellen!« kommen Tamara Ter-Egisarjan in den Sinn – aber allemal eine gute Sache. Von den anderen neuen Mietern im Haus hält sie indes nicht viel. Wie das jetzt so ist in Russland: Etwa anderthalb Millionen Dollar kostet eine Wohnung mit Kremlblick im Haus an der Moskwa, da hat mancher sein Quartier verkauft. An »Schwarzmarktkönige«, weiß Tamara Ter-Egisarjan und nickt vieldeutig. Auch Amerikaner, Franzosen und Deutsche wohnen jetzt in der Serafimowitscha, mitten in der Geschichte der Sowjetunion. Sie hätte indes noch »internationale Freunde aus alten Zeiten«, lässt Tamara Ter-Egisarjan stolz wissen, aus Deutschland. Genau genommen aus der »DDR« präzisiert sie. Und da steigt ihr noch ein wenig revolutionäre Glut ins Gesicht, als sie von ihrem Freund »Mischa« erzählt, der neulich erst da war, zur Buchpräsentation. Sie kannte die Eltern Wolf natürlich besser, aber Markus besuche sie jedes Mal, wenn er nach Moskau käme, sagt sie. Und der Rest, wie sie das so macht im Leben, wie es ihr so mühelos gelingt, die Widersprüche in der Schwebe zu halten, das bleibt ihr Geheimnis. Eines von vielen in diesem Haus.

Durch Revolution zur Kunst – »Mosfilm«

Szenen aus einem traditionsreichen Studio

Der Himmel war voller Luftballons. »Wie im Märchen«, sagt der Pförtner und lässt den Arm in einer weit ausholenden Geste über den Kopf kreisen. Wie das so ist, wenn die größte Märchenfabrik in Russland Geburtstag feiert. Achtzig Jahre alt wurde »Mosfilm« im letzten Jahr und das Fest, glaubt man dem Mann an der Pforte, ließ alle vergessen, wo der Traum aufhört und die Wirklichkeit beginnt. Aber darauf versteht man sich ja hier auf den Sperlingsbergen, im Grünen Moskaus. Als Russland noch revolutionär war, nannte sich die Gegend »Leninberge«.

Film und Lenin – das sagt sich in einem Atemzug, denn der erste Führer der Sowjetunion hatte den Film als wichtigste aller Künste gepriesen. Das bot sich einfach so an, weil der Film damals noch jung war und historisch wenig vorbelastet, andererseits brachte es nur der Film fertig, die Massen zum Kunstgenuss zu verführen. Malerei, Theater oder klassische Musik fanden Arbeiter und Bauern nämlich meist zum Sterben langweilig. Also Film! Mit Ausrufezeichen: Film! Russenfilme! Sie sollten die »bürgerlichen Märchen« bloßstellen, alle Schönheit als Illusion entlarven, Berge versetzen. Und

Europa war begeistert, London, Berlin und Paris applaudierten revolutionären Russenfilmen.

»Ist das nicht die Dings? Na, die aus dem Film?« Die Frau in dem roten Mantel stößt ihrer Freundin den Ellbogen in die Seite. Die Freundin meint auch, dass sie das Gesicht schon einmal gesehen habe, ist sich aber nicht sicher, ob im Film oder in der Werbung. Bei »Mosfilm«, im Wartezimmer vor der Schranke, von dem aus man das Ein und Aus der Studios gut im Blick hat, wird einem jedenfalls nie langweilig. Mein Gott, schauen die alle gut aus, denkt man, während man hier sitzt und registriert, dass die Absätze, der Hosenschlag, die Brille, dass eben alles ein wenig höher, weiter, größer ausfällt bei diesen Leuten. Schöner auch. Das scheint hier alles Gelände für die größte mögliche Aufmachung zu sein. In echt oder im Film – schwer zu sagen. Die Gebäude bei »Mosfilm« sind auch gerade frisch gestrichen, blendender kaisergelbweißer Stalin-Klassizismus. Dazwischen schweben schwarze Limousinen über das Pflaster und traut man solchen Szenerien, steht »Mosfilm«, Europas größtes Kinostudio, Hollywood in nichts nach.

Gleichwohl trügt dieses Bild, die Wirklichkeit dahinter ist eine andere: Die Zeiten sind zwar vorbei, als das Geschäft mit dem Film lausig lief und »Mosfilm« vor dem Aus stand. Vor zehn Jahren war das, nach dem Zerfall der Sowjetunion, mit dem auch die Produktionsstätten auf den Sperlingsbergen verfielen. Der Staat hatte kein Geld mehr für Filme, wie für die Kultur überhaupt. Daran hat sich bis heute nichts geändert, solange es nicht um staatstragende Kunst wie etwa rüschenbesetzte Historienstreifen geht, macht der Kreml keinen Rubel locker. »Die Werbung hat uns am Ende gerettet«, sagt Irina Michailowna und lässt wissen, dass mittlerweile achtzig Prozent der »Mosfilm«-Produktionen *reklama* seien. Oder Musikclips. Und ab Oktober, sagt sie, stehe alljährlich alles Kopf, weil die große Silvestershow fürs Fernsehen produziert werden müsse. Ihr Gesicht, von vielen Lachfalten durchzogen, sieht plötzlich ganz grau aus, als sei das Schicksal der Moskauer Studios längst entschieden. »Jammern und sich abschotten hilft ja nichts, wir müssen überleben«, sagt sie und man sieht ihr an, dass sie sich Sorgen macht.

Irina ist Cutterin bei »Mosfilm«, seit vierzig Jahren. Jeden Morgen, fünf, meist aber sechs Tage die Woche bringt sie der Bus 205 den Berg hinauf in die Mosfilmowskaja uliza 1. Ihr Arbeitsplatz liegt im Block II, dem ältesten, 1925 entstandenen Gebäude der Studios. Sergej Eisenstein produzierte hier noch Teile seines »Panzerkreuzer Potemkin«. Irina sagt, dass sie gar nicht daran denken dürfe, an die künstlerische Herausforderung für Cutter bei diesem Film und all den anderen radikalen Meisterwerken der zwanziger Jahre. Wir schlendern über den Platz vor Block II, der so groß und ausladend ist, als erwarte man einen steten Ansturm revolutionärer Matrosen und Soldaten. Linker Hand liegt das Heiligtum der russischen Filmgeschichte, Studio Eins im Pavillon Eins, in dem Andrej Tarkowskij in den siebziger Jahren arbeitete, der »russischste aller russischen Regisseure«, wie Irina versichert. Jeder, der hier inszeniere, bekomme es mit der »Tarkowskij-Energie« zu tun, weiß Irina, und außerdem weiß sie, dass »das keine leichte Energie« ist. Sie beispielsweise verlangsame automatisch immer den Schritt, wenn sie an Pavillon Eins vorbeikomme, da könne sie es noch so eilig haben, man gehe einfach bedächtiger, eben so wie in den Filmen des Metaphysikers, das bestätigten auch Kollegen. Und von einem polnischen Nachwuchsregisseur erzählt Irina, dass er kurz nach Beginn der Dreharbeiten zu seinem Film plötzlich das Haar wie Tarkowskij getragen hätte, rechtsseitig gescheitelt, dabei beteuerte er, nie ein Foto des Filmemachers in der Hand gehabt zu haben.

Neben der energetischen, unsichtbaren Vergangenheit bewahrt »Mosfilm« auch die sichtbare Historie, für die in den Studios eigens ein Museum eingerichtet wurde. Da kann man Lenins Fahrrad bestaunen oder den Rolls Royce, der Zar Nikolaj II. bis zur Revolution gehört hatte und den Lenin dann später gerne fuhr, am liebsten mit Inessa Armand auf dem Beifahrersitz. Betagte Automobile, darunter auch Stalins schwarze Tschaika, bilden den Grundstock der Sammlung, die hier seit Gründung der Filmstudios zusammengetragen wurde. Das 19. Jahrhundert fehlt derzeit im Museum, alle Requisiten wie Kutschen, Kostüme und Kochgeschirr sind im Einsatz bei der Rekonstruktion des alten Moskau. Auf dreitausend Quadratmetern entstand im Norden des »Mosfilm«-Geländes die russische Hauptstadt aus Holz und Pappmaché, so wie man sie aus dem Märchen kennt. »Bei uns lieben sie jetzt besonders Historienfilme. Nationale Rückbesinnung, sagt man da wohl.« Irina rollt mit den Augen. Für den Kitsch vom alten Moskau gebe es natürlich auch ordentlich Geld vom Kreml. Und während unten in der Stadt das wirkliche alte Moskau gerade immer mehr verschwindet und entkernt wird, staffiert man hier oben auf den Sperlingsbergen in altmeisterlicher Manier historische Traumschlösser aus.

Das hat Tradition. Früher, als Reisen für Sowjetbürger nicht vorgesehen waren, stand hier Venedig. Da konnten Natascha und Iwan am Wochenende für einen Rubel fünfzig eine Eintrittskarte für »Mosfilm« erwerben und sich vom Canale Grande verzaubern lassen oder über die Architektur des Dogenpalastes ins Schwärmen geraten. »Unser ganzes Leben ist filmisch«, sagt Irina und zählt die Cuts Russlands, »nur die großen«, an den Fingern ab. Alle mogelten sich hier doch irgendwie nur durch, so wie Iaia und Rita in »Das Land der Tauben«. Haben Sie den gesehen? Und schon sind wir mitten im Film.

Zu Hause bei der russischen Literatur

Ein Streifzug von Tolstoj zu Gorkij

»Vorsicht, stolpern Sie nicht«, sagt Frau Scherbakowa gerade noch rechtzeitig, bevor sich der linke Fuß der versonnenen Literaturfreundin im Gebiss des Bären verhakt und sie der Länge nach über seinen Kopf fallen könnte. Erst vor zwei Wochen brach sich eine Russischlehrerin aus Perm auf diese Weise ihr Handgelenk, seitdem ist Frau Scherbakowa ins Speisezimmer abgeordnet worden, zur ständigen Aufsicht. »Wir hätten sonst Ärger bekommen und das Bärenfell wegräumen müssen«, sagt sie und mit einem schweren Stoßseufzer entfährt ihr der alles Weitere erklärende Satz: »Marina hat es doch so geliebt.« Also macht es Frau Scherbakowa auch nichts aus, acht Stunden am Tag auf einem Stuhl zu sitzen und die Museumsbesucher vor der bärigen Stolpergefahr zu warnen. Marina hätte in ihrem Leben ganz andere Dinge meistern müssen, sagt sie und man merkt, dass sie sich von der Dichterin persönlich gestärkt fühlt für ihre Aufgabe.

Marina Zwetajewa pflegte schon so manche Extravaganz: Ihre Gedichte etwa schrieb sie mit ihrer runden, in verschnörkelten Bögen schwingenden Handschrift gerne auf die Tapeten. Tausend Gedichte sollen es gewesen sein, die Russlands große Poetessa in ihrem Haus im Borissoglebskij pereulok zu Papier brachte. Siebenhundert davon kann Frau Scherbakowa auswendig. Mindestens. Zu jedem Stichwort fällt ihr ein passendes Poem ein, eigentlich spricht sie nur Poesie, allein die Verbindungssätze zwischen zwei Gedichten fallen in Prosa aus. Aber Frau Scherbakowa kennt nicht nur die Gedichte, sie weiß darüber hinaus auch noch, wo genau jedes einzelne Poem im Hause entstanden ist, bei welcher Gelegenheit, an welchem Fenster die Zwetajewa beim Dichten stand oder welcher Besuch sie zum Dichten brachte. Muss man noch sagen, dass Frau Scherbakowa das Haar nach Prinz-Eisenherz-Art trägt, so wie es die Zwetajewa getragen hat?

Das »Haus mit den zwei Pappeln« hatte die Dichterin ihr Moskauer Domizil genannt, das erst seit 1992 ein Museum ist. Es muss hier ziemlich schlimm ausgesehen haben, Frau Scherbakowa rollt furchterregend mit den Augen, wenn sie erzählt, wie sie den ersten Schritt über die Schwelle tat. Die Zwetajewa hatte noch am eigenen Leib erfahren, was *uplotnenije*, Verdichtung, bedeutet. 1920 schrieb sie in einem Brief an ihre Schwester in Koktebel: »Wir leben noch dort, wo wir früher waren, im Esszimmer. Alles andere ist besetzt. Das Haus ist ausgeraubt und zusammengeschlagen. Ein Elendsquartier. Wir heizen mit Möbeln.« Das Interieur fürs Museum hat man sich dann mühsam zusammensuchen müssen, manches Stück entstand nach Marinas Beschreibungen in Schreinerwerkstätten. Nur die Melancholie des Ortes, sagt Frau Scherbakowa, die könne man nicht vertreiben, die hänge in jeder Mauerritze. Und schon spricht sie wieder ein Poem im Tonfall der Litanei, so, wie es die Russen gerne mögen. Ein einziges Gedicht, so ein Besuch bei Marina Zwetajewa, denkt man und möchte Frau Scherbakowa dafür küssen, dass sie ihre Besucher so mit Versen verwöhnt, so bärenstark. Etwas unsicheren Schrittes betritt man dann wieder die Stadt, um dem realsozialistischen Gorkij in der Nachbarschaft einen Besuch abzustatten. Kann man vom Sozialistischen Realismus in der Literatur schwärmen? Kann man nicht, und deshalb lobt die Dame im Gorkij Museum denn auch die »beachtliche und bedeutende« chinesische Porzellansammlung, die der Autor zeit seines Lebens zusammentrug. Vor allem kleine Figurinen, zarte, ätherische Wesen hatten es Gorkij angetan. Eigenartig, hinter dieser Zerbrechlichkeit hätte man ja doch glatt eine konterrevolutionäre Gesinnung ausmachen können.

Man gerät im Hause Gorkij, das eigentlich das Haus Rjabuschinskij ist und eine weltrekordschöne enteignete Jugendstilvilla, schnell in die unangenehme Rolle des Zensors, des Richters. Das liegt an der Schieflage der Dinge: der Hausherr, weggefegt von der Revolution, die schönste Villa Moskaus, von den Türklinken bis zu den Vetragen ein Gesamtkunstwerk, bezieht Gorkij, der Chefideologe revolutionärer Literatur, nachdem er aus Capri wieder in die Heimat zurückgekehrt war. Welche Sorglosigkeit! Man kann ihn sich hier gut vorstellen, den bürgerlichen Gorkij, wie er in bequemer Kleidung in seinem gediegenen, holzvertäfelten Kabinett sitzt, an seinem Schnauzer zwirbelt und darüber nachsinnt, wie »gefährlich« und »zersetzend« die Werke Dostojewskijs für die »Neuen Menschen« sind. Aber das Fallbeil des Sozialistischen Realismus hatte er hier ja längst gegen die Schiebetür der Geschirrdurchreiche ausgetauscht. Wenn man dann in Majakowskijs Zimmer steht, dann weiß man, welche Unterkunft man für Gorkij anständig befunden hätte.

»Zimmerbrötchen« nannte Wladimir Majakowskij seine Wohnung, die ihm der Moskauer Stadtrat 1919 zugewiesen hatte. Dreitausend Tage lebte der Sänger der Revolution in dem kargen Kabuff unterm Dach eines vierstöckigen Hauses, bis er sich 1930 das Leben nahm. Musa Nemirova ist auch vierundsiebzig Jahre nach dieser Tat immer noch entsetzt. Das hätte nicht passieren dürfen, »dieser Schlusspunkt mit Blei auf die Stirn«, meint die Direktorin des Majakowskij-Museums. Nachdenklich heftet sie ihren Blick an das Foto des Dichters auf ihrem voll geräumten Schreibtisch: W. M., der schöne Mann mit den riesigen, melancholisch ungestümen Augen, mit weich und doch wuchtig vorgeschobener Unterlippe und einem angespannten Kinn als hätte er gerade Eisenspäne gekaut. Ein Rebell war er, ein Elegiker auch. »Ich habe die Brik noch kennen gelernt«, sagt Musa Nemirova und es entgeht einem nicht, dass sie den Namen ungern ausspricht, weil er eine Geschichte in Gang setzt, die ihr immer noch zu Herzen geht. Eine Liebesgeschichte ist das, furios, oft eher unglücklich. Majakowskij lernt Lilja Brik 1915 kennen, ein Blitzschlag, der ihn ganz durchfährt, was sonst, sodass Trotzkij notierte, der Dichter spreche von der Liebe, als handle es sich um Völkerwanderung. Sie liebt ihn auch, trennt sich aber nie von ihrem Mann Ossip Brik. Immerhin schaffen sie fünfzehn Jahre ein seltsames »Beisammensein zu dritt«. Nach Lenins Tod 1924 zwingen Majakowskij auch die politischen Verhältnisse in der Sowjetunion zum Seiltanz, man setzt ihn, den Barden der Revolution, mit dem Formalismusvorwurf unter Druck. Es ist ein langsamer Stellungskrieg gegen die Schwerkraft der Verhältnisse, bis Majakowskij, wie er selbst sagt, »quitt (ist) mit dem Leben«. Ein Streifen Sonne fällt an diesem kalten Moskauer Morgen in das Büro der Museumsdirektorin, die sich bereits mit der fünften Tasse Tee wärmt. »Die Brik kam in einem roten Hosenanzug die Treppen im Taganka-Theater herunter, sie stolzierte, setzte bedächtig einen Fuß vor den anderen und ganz Moskau blickte zu ihr empor, einen Hosenanzug in Rot trug sie, das hatte es damals bei uns ja nicht gegeben. Lilja hatte eine Schwester in Paris, die sie mit Mode versorgte.«

Musa Nemirova hätte auch gerne so eine Schwester, denn den Sinn für exquisite Kleidung hat sie sich bis ins hohe Alter bewahrt. Aber noch lieber wäre sie wohl Majakowskij einmal begegnet, obgleich das ja nicht viel geändert hätte, denn Musa ist auch so seine beste Freundin, eine bessere kann sich der Dichter nicht wünschen. Sie hat das nötige innere Feuer, das es braucht, um Majakowskij in seiner ganzen Fülle zu begreifen, all die Formen des Außer-sich-Seins und Bei-sich-Seins.

Zu den Tolstojs muss man den Bus nehmen. Sieben Stationen sind es mit dem vorsintflutlichen Trolleybus von der Metrostation Kropotkinskaja. Beim Tolstoj-Denkmal steigt man aus und folgt dem Hopfengeruch. Tolstojs *usadba*, sein herrschaftlicher Landsitz, liegt in direkter Nachbarschaft zur Traditionsbrauerei »Chmelnikow«, an deren Bierausschank aber eher versonnene Dostojewskij-Typen hängen. Die ganze Gegend, in der früher die Weber siedelten, ist nicht gerade einladend, aber es ist eben ein Gelände, wo es Geschichten gibt und wo sich menschliche Grundeigenschaften zeigen, an denen Tolstoj ja so ungemein viel gelegen war. Man muss nicht viel Einbildungskraft aufbieten, sich den Romancier in diesen Straßen, die damals freilich noch von viel Grün umgeben waren, vorzustellen: seine »monumentale Reckengestalt«, wie Lenin von ihm sprach, die Tolstoj altrussisch in Hemd, Hose und selbst geschusterte Stiefel zu kleiden pflegte. Auch mit seinem Haus tat Tolstoj landestypisch mit Fassaden aus Holz, braun gestrichen wie die Erde. Im Zuge der allgemeinen nationalen Rückbesinnung ist es nur leider gerade etwas zu grell mit frischer Farbe übergossen worden, nichtsdestotrotz ist es immer noch dazu angetan, auf Russisches spezialisierte Ethnografen in Ekstase zu versetzen. Der Garten ist schon voller Erinnerungssucher; bei den Tolstojs fühlte man sich nämlich ganz mühelos im Russland des 19. Jahrhunderts zu Hause. Die Tolstoj-Fachkraft spricht mit gesenkter, fast wispernder Stimme, als gelte es, den Romancier nicht in seinem Mittagsschlaf zu stören. Aber sie haben ja noch gar nicht gegessen, die Tolstojs. Müssen jeden Moment zur Tür hereinkommen, denkt man, wenn man vor dem festlich, mit blauweißem Porzellan gedeckten Tisch für elf Personen im Esszimmer steht und versucht ist, schon mal das Wasser aus der Karaffe einzuschenken. Aber halt, das ist ja eigentlich die Arbeit der zehn Dienstboten, von denen die Fachkraft zu berichten weiß, dass »Awdotija Popowa die treueste« gewesen sei. Sie konnte auch die beste »Charlotte« backen, die Tolstoj so gerne aß. Die Komplimente des Dichters haben sie über so manche Spannung im Hause hinwegsehen lassen, der »Tonus« sei nicht immer der beste gewesen, sagt die führende Dame.

Lew Nikolajewitsch und Sofija Andrejewna waren ein ewig zerkriegtes Paar, er verstand sie nicht, sie verstand ihn nicht. Aber los kam man auch nicht voneinander. Den Lauf der Welt ließ der Graf sich gerne auf dem schwarzen Flügel vorspielen, der auf einem zottigen Bärenfell im

Empfangssalon steht. Auch bei Tolstoj also, diese Vorliebe für ein Stück Wildnis zu Hause. Das eigentliche und sehr fruchtbare Schaffensfeld des Schriftstellers liegt im ersten Stock: das Arbeitszimmer. Hier oben duftet es nach Bienenwachs, offenbar hat man gerade erst die Böden eingelassen, über die wir in großen Filzlatschen schlittern. Neunzehn Winter über schrieb Tolstoj an dem Schreibtisch mit der grünen Filzauflage, immer von neun bis zehn Uhr vormittags und nachmittags noch einmal eine Stunde ab fünfzehn Uhr, wie Frau Allestolstojwisserin weiß. Ausgerechnet Tolstoj, dieses Synonym für nie enden wollende Romane, soll nur zwei Stunden am Tag geschrieben haben? In hinreißender Arroganz kommen die Zeitangaben noch einmal, diesmal in Englisch. Wie das so ist bei Genies, als ob Zeit da eine Rolle spielte. Tolstoj schrieb hier neben dem Roman »Auferstehung«, den die Kirche bekanntlich mit seiner Exkommunikation quittierte, und seiner weltberühmten Erzählung »Die Kreutzersonate« seine bemerkenswerte Geschichte über die »Ameise«, die nur fünf Zeilen umfasst. Da der Dichter sie aber etwa fünfzig Mal umgeschrieben hatte, bevor er sie zur Publikation freigab, darf man diese Luftigkeit wohl getrost als eines der Lebenswerke Tolstojs bezeichnen.

Mit der Kurzform im Kopf ließe es sich weiterziehen, zu Tschechow oder Puschkin, der auf dem Arbat gleich neben dem symbolistischen Dichter Andrej Belyj sein Wohnungsmuseum hat. War es nicht Goethe, der gesagt hat, man müsse, um den Dichter zu verstehen, zum Dichter nach Hause gehen. Und zu Hause bei den Dichtern, da lassen sich in Moskau wunderbare Menschen treffen, die einen mitnehmen in das Dickicht der Metaphysik. Die die Dichter lebendig halten.

Wenn sich der Wind dreht

Ljuda Machimova stickte Lenin auf die Fahne

»Fast alle von uns mussten ja gehen«, sagt Ljuda Machimova und nickt mehrere Male hintereinander kaum merklich mit dem Kopf, als zählte sie in Gedanken ihre entlassenen Arbeitskollegen nach. »Wera Nikolajewna und Maria Andrejewna sehe ich manchmal noch«, sagt sie, denn wenn man mal dreißig Jahre zusammen gearbeitet habe, dann verliere man sich doch nicht mehr aus den Augen. Manchmal bitte sie Wera Nikolajewna auch noch um Hilfe, denn niemand bekomme Gesichter so gut hin wie sie.

Früher, als es die Sowjetunion noch gab, hatten sie in der Fahnenfabrik Nr. 12 hinter dem Weißrussischen Bahnhof viel zu tun. Parteifahnen, Republikfahnen, Betriebsfahnen, Ehrenbanner der sozialistischen Arbeit und jede Menge andere ideologische Zierfahnen. Von morgens bis abends ratterten da die Nähmaschinen und wenn ein Feiertag anstand, wie etwa Lenins Geburtstag, dann kamen sie nicht vor Mitternacht nach Hause, alltags wie sonntags. Alle hier in der Fahnenfabrik leiten ihre Sätze mit »früher« und »heute« ein, denn das Schicksal einer Fahnenkunst ist es naturgemäß, mit ihrem zentralen Objekt zu verschwinden: Als sich die Sowjetunion auflöste, brauchte man auch nicht mehr ihre Banner. »Die Welt will eben kein Rot mehr«, lacht Ljuda Machimova aufgeräumt. Die Flaute in der Fabrik macht ihr zu schaffen, der abbröckelnde Putz, der aufgeplatzte Linoleumboden, die Nähmaschinen, die tonlos dastehen, die leeren Lagerhallen, das alles ist ein schmerzhafter Anblick. »Den Fabrikflügel zur Straße hin haben wir im vergangenen Winter verkauft, so viel Platz werden wir ja nie mehr brauchen, auch wenn es in Zukunft einmal besser läuft.«

Ljuda tastet sich langsam an die neue, unverdauliche Realität heran. Da gebe es jetzt Spielautomaten und ab Mittag stünden nicht selten Frauen herum, die man kaufen könne. »Dass die keine Gewissensbisse haben«, wundert sie sich und rückt ihre Brille mit den dicken Gläsern dicht vor die Augen. Die Nadelarbeit geht vor allem auf die Sehkraft. »Mit jedem Lenin sind wir blinder geworden«, sagt Ljuda und lässt wissen, dass alle Fahnenfabrikarbeiter spätestens nach einem Jahr eine Brille tragen. Im Urlaub hätten sie immer einen Platz in den Erholungsheimen von Karelien bekommen, hoch oben im Norden, im Wald, da, wo viel Grün sei, bei dessen Anblick sich die Augen erholen könnten. Siebzig, achtzig Mal, Ljuda weiß nicht mehr, wie oft sie Lenin in ihrem Leben gestickt hat. »Bei uns hat ja die ganze Welt bestellt.« Am Anfang hat sie sich schwer getan, denn man musste immer darauf achten, dass Lenin nicht zu tatarisch, zu mongolisch ausfiel. Da galt es, die Augen nicht zu eng nebeneinander zu sticken, für die Augenbrauen den richtigen Schwung zu finden und die Wangenknochen farblich nur minimal von der Wange abzusetzen. Eine Meisterin wie sie arbeitete ungern mit Schablonen. Schon in der Schule fiel auf, wie virtuos das Mädchen mit Nadel und Faden umgehen konnte. Zu Hause verdienten sich Mutter und Großmutter durch Handarbeiten Geld dazu. »Entweder man hat das in den Genen oder nicht«, sagt Ljuda und weiß von Fällen zu berichten, bei denen sich junge Frauen ganz schön in den Finger gestochen haben. »Hier ging es ja um politisches Sticken«, sagt Ljuda und setzt eine Miene auf, die die staatstragende Bedeutung dieser Tätigkeit noch unterstreichen soll. Fehler konnte man sich da nicht leisten.

Als Ljuda 1963 anfing in der Fahnenfabrik zu arbeiten, war die Sowjetunion gerade im Kosmosfieber. Tonnenweise Silbergarn hätten sie da verarbeitet, für all die Sputniks und Raketen. Und in diesem Moment fällt es ihr wie Schuppen von den Augen: dass man an den Farben der Garnrollen und des Tuchs immer die aktuelle politische Situation des Landes ablesen konnte. »Unter Breschnjew war die Nachfrage an Staatsfahnen besonders groß, Tausende von Kilometern rotes Tuch mit appliziertem Hammer und Sichel. Da fanden doch ewig Militärparaden auf dem Roten Platz statt.« Ihr Sohn, sagt Ljuda, hätte immer ganz stolz seinen Freunden verkündet: »Die Fahnen hat meine Mamotschka genäht.«

Die Fahnenfabrik in einem scheckigen Backsteinbau aus dem 19. Jahrhundert erinnert eher an eine Werkstatt, an eine Manufaktur: keine schwindelerregende Produktion, sondern fünfunddreißig Nähmaschinen, ein paar Zuschneidetische, Regale, bis unter die Decke mit Fahnenstoffen gefüllt. Seit dem Zerfall der Sowjetunion ist es in den beiden großen Räumen, die von einer staubigen Glasfront voneinander getrennt sind, farbenfroher geworden. Dominierte früher rotes Tuch, das man »zu einem guten Preis« weiter nach China verkaufte, wurde es in den neuen Zeiten bunt. Schulen, Vereine, die Ex-Sowjetrepubliken, manchmal der Film oder die Kirche und natürlich nach wie vor der Staat sind die Auftraggeber. Aber die Bestellungen kommen nicht mehr so selbstverständlich rein wie früher. Der Preis spiele jetzt eine Rolle, sagt Ljuda Machimova, die Wartezeiten auch. »Die haben manchmal Wünsche«, schüttelt sie verständnislos den Kopf. Aus Turkmenistan beispielsweise wäre mal so ein Auftrag gekommen, da hätten sie sich alle gefreut in der Fabrik und sogar noch die alten Mitarbeiterinnen angerufen, weil alles nach viel Stickarbeit ausgesehen habe. Das Vorzimmer des turkmenischen Präsidenten Sapamurad Nijazov bestellte fünf Fahnen mit dem Konterfei des Präsidenten und dem Schriftzug in Goldbrokat »Großer Vater aller Turkmenen«. »Und wissen Sie, womit sie uns am liebsten bezahlt hätten«, schnaubt die Stickerin immer noch voller Empörung, »mit eingelegten Auberginen.« Die dachten wohl, dass sie immer noch alles umsonst bekommen, wie früher, meint sie und baut sich vor dem hohen Tisch auf. Man sei schließlich mitten in Moskau, wo man für Handarbeit auch anständig bezahlen müsse. Der Fabrikchef und das mittelasiatische Land wurden sich dann aber doch einig und aus Aschgabad trafen die Fotos des Präsidenten ein, denn in Moskau wusste keiner so richtig, wie Sapamurad Nijazov aussieht. Gut drei Monate hätten sie an ihm gestickt, sagt Ljuda und gerät ins Schwärmen. Es gefällt ihr einfach, an aufwändigen, kostbaren Stücken zu arbeiten, an Fahnen, die vielleicht an die Wand gehängt werden oder still und edel neben einem Präsidentenschreibtisch stehen. »In solchen Fahnen steckt Kraft«, weiß Ljuda und die brauche man doch für die Zukunft eines Landes.

Anlauf zur Ewigkeit

Lenins Leben nach dem Tod

Mitten in der Stadt, gleich neben der Märchenfestung, liegt also eine Leiche. Die Leiche. Lenin. Böse Zungen behaupten, der Führer der Weltrevolution sehe Michael Jackson immer ähnlicher. Mag sein, dass sie es mit den Essigbädern nicht mehr so streng halten, alle achtzehn Monate sollte Lenin darin baden. Aber nach achtzig Jahren Tod baut man selbst bestens einbalsamiert offenbar ab. Seit ein paar Jahren kümmert man sich im Mausoleumslaboratorium um Lenin ja auch nur noch ganz nebenbei, eben bloß, wenn es die Zeit erlaubt, denn mittlerweile haben sich auch eine ganze Reihe reich gewordener Russen nach dem Tod einbalsamieren lassen. Bei fünfzehntausend Dollar liegt zurzeit der Preis fürs ewige Leben nach dem Tod. Das ist recht günstig, denn in dieser Branche ist Russland immerhin Weltspitze.

Lenin würde sich gewiss wegen seiner Zurschaustellung, wie man so zu sagen pflegt, im Grab umdrehen. Aber er konnte ja nicht mehr mitreden, nach seinem Tod hatte Stalin sofort die Regie im Lande übernommen. Zwei Monate entschied das Politbüro hin und her, was mit Lenins Leiche anzufangen sei, bis man sich endlich, da war der Verwesungsprozess bereits in vollem

Gange, auf seine Konservierung einigte. Stalin, der Lenin für den Kult um sich brauchte, ließ extra ein Straßenbahngleis zum Mausoleum legen, das in der Eile aus Holz hochgezogen wurde. Doch das Klima zwischen den Buchenbalken entpuppte sich schnell als Verbündeter aller Vergänglichkeit und beschleunigte den Verfall des Revolutionärs. Es lag an Aleksej Schtschussew, einen Steinbau zu errichten. Der Architekt stapelte ganz nach Art der Kinderbautürme sieben Quader übereinander, ein einfaches Prinzip mit größter Wirkung. Man mag über Lenins Aufbewahrung geteilter Meinung sein, aber die Architektur des Mausoleums ist ein seltener Glücksfall avantgardistischen Bauens, so wie sie die zeremoniellen Kräfte in ganz elementaren Formen zu bündeln weiß. Ein Professor der Moskauer Universität gab einmal zu bedenken, dass Lenin diese Architektur wahrscheinlich gar nicht gefallen hätte, weil er wenig Sinn für die Avantgarde in der Kunst hatte. Aber da hatte Wladimir Iljitsch schon nichts mehr mitzureden. Seine Frau, die Krupskaja, die mischte sich noch ein in alle Debatten. Plädierte für eine Beerdigung, brachte immer wieder das Argument auf den Tisch, dass der Gatte keinerlei Geltungs- und Gefallsucht gekannt hatte.

»Er muss endlich zur Ruhe kommen«, meint auch eine runde Frau aus Pskow, die nur ihrem Mann zuliebe die Stufen in das dunkle Grab auf dem Roten Platz hinunterschreitet. Es sei doch Sünde, Menschen nach ihrem Tod nicht der

Erde zu übergeben. »Lenin hat sich am Land versündigt und das Land hat sich an ihm versündigt. Jetzt muss endlich Schluss sein.« Ihr Mann ist da ganz anderer Meinung. Lenin solle da bleiben, wo er sei, mault er sichtlich gereizt und macht Anstalten, die linke Hand zur Faust zu ballen. Lenins Lehre und Lenins Reich seien verfallen und völlig in Vergessenheit geraten, wenn man nun auch noch Lenin selbst wegschaffe, was bleibe denn dann noch übrig? »Es wird noch so weit kommen«, prophezeit er und seine Lippen ziehen sich zu einem schmalen Strich zusammen, »dass man sich fragt, ob es Lenin überhaupt gegeben hat.«

So ähnlich sehen das auch die Kommunisten. Sie waren bisher die konservierende Kraft im Lande, wenn wieder einmal um Lenins Leiche gestritten wurde. Boris Jelzin beispielsweise hätte den Revolutionär lieber heute als morgen in St. Petersburg neben Mutter Uljanow beisetzen lassen. Doch dann gab es dringendere Probleme zu lösen wie Dollartransfers in die Schweiz und die Suche nach einem Thronfolgepräsidenten. Auch Erbinteressierte meldeten sich und sprachen in Moskau vor: Kersan Ulumschijew, der Präsident der autonomen Republik Kalmückien, umwarb den Leichnam Lenins, um zu Hause, in der Hauptstadt Elista, sein aberwitziges Disneyland aus buddhistischen Tempeln und mongolischen Jurten um ein Stück Sozart zu bereichern und Touristen in die Steppe zu locken. Aber dafür mochte niemand Lenin hergeben.

Seither zieht Zeit über den Roten Platz, Lenin braucht immer mehr Glyzerin und Laliumazelat, das man ihm spritzt, um den Körper feucht zu halten und die Kommunisten verlieren zunehmend an Rückhalt in der Gesellschaft. Bei den Parlamentswahlen im Dezember 2003 stürzten sie auf 12,7 Prozent ab – eine bedenkliche Fallhöhe, waren sie zuvor doch noch stärkste Kraft in der Duma gewesen. Was aber wird aus Lenin, wenn die Partei wankt? Noch stehen sie Schlange, um einen Blick auf den Führer der Revolution zu erhaschen. Die meisten wollen ihren Kindern oder sich selbst ein Stück Geschichte zeigen, wo sonst kann man das schon so anschaulich wie hier?

Die Wache im Tresor der Revolution achtet streng darauf, dass sich niemand aufhält, nur ein Augenblick ist einem vergönnt, aber man kennt Lenin ja sowieso. Der Mann der runden Dame aus Pskow weiß eine Erklärung für das strenge Reglement. Nicht nur dass so viele Menschen anstehen und man ein gewisses Tempo einhalten müsse, wenn alle wenigstens einen Moment Lenins Aura spüren wollten. Als der Mann mit der Belegschaft seines Betriebs 1972 an Lenin vorbeidefilierte, kam es zu einer massiven Störung in der Strömung. Ein altes Mütterchen hatte plötzlich unter ihrer Jacke ein paar Piroggen und eine Flasche Kefir hervorgezogen, um nach landesüblicher Sitte ganz unverkrampft mit dem Führer der Weltrevolution ein Schwätzchen abzuhalten. Das übliche Picknick eben, wie man es am Grab der Verwandten abhält. Aber so viel Volkstümlichkeit war beim Volkshelden nicht erwünscht. Nach dieser Geschichte schweift der Blick des Mannes ab, verträumt. Einen Moment lang marschieren sie mit roten Fahnen hocherhobenen Hauptes am Lenin-Mausoleum vorbei und Moskau ist nicht jene Kapitale des Lifestyle-Kapitalismus, sondern wieder führend beim Gang des Ganzen, der Weltrevolution.

Ein Moment der Transzendenz. Die hat man in Moskau jetzt immer öfter, denn auch durchs Nachtleben geistern eine ganze Menge Inkarnationen des Parteiführers und tanzen den Lenin. Dazu legen die Retro-Freaks die Hand an der Schirmmütze an oder recken den Arm mit gestrecktem Zeigefinger empor, drehen den Kopf halsstarremäßig nach links und zucken und stampfen zum Rhythmus optimistischer Hip-Hop-Marschmusik. So lebendig wie in den Moskauer Clubs war Lenin jedenfalls schon lange nicht mehr.

»Swetskije ljudi« – Menschen im Licht

Moskaus neue Reiche haben es eilig

Wadim lehnt sich im Sofa hinter einer Cola light zurück. Es ist Montagvormittag, elf Uhr, draußen fällt waagrechter Regen und Wadim hat ein anstrengendes Wochenende hinter sich. Jagd, Billard, Training, nachts bei Hochprozentigem gefeiert bis in den frühen Morgen hinein. »Ich brauche einen Ausgleich«, sagt Wadim, »unter der Woche ist ein Tag wie der andere, Zahlen, Zahlen, Zahlen und Telefonate.« Wadim zieht Augen und Mund zu einer Mitleidsmiene, dass man ihm von Herzen einen Taschenrechner und eine weitere Sekretärin wünschen möchte. Könnte er ja haben, wenn er wollte, denn Wadim gehört zu denen in Russland, die alles haben können, was sie wollen. Und noch viel mehr.

Wadim ist unvorstellbar reich. Das würde man so auf den ersten Blick nicht von ihm denken, sein jugendliches, rundes und offenes Gesicht, das heute etwas verkatert aussieht, passt nicht zu dem üblichen Bild eines millionenschweren Geschäftsmannes. *Nowyje russkije*, »Neue Russen«, nennt Russland die Profiteure des rasenden Kapitalismus, und für die Elite ganz oben, zu der in Moskau laut Zählung des

US-Magazins *Forbes* zwanzigtausend »happy few« gehören, prägte der Volksmund den pathetischen Ausdruck *Swetskije ljudi*, Menschen im Licht.

Wadim streicht sich über die Koteletten und wird langsam munter. »Als ob das Licht aus heiterem Himmel auf mich gefallen wäre, so stellen sich die meisten Leute das hier vor. Typisch sowjetische Mentalität. Die hält sich immer noch und wird von den Eltern an die Kinder weitergereicht, dieses Warten, bis dir jemand etwas vorsetzt im Leben. Niemand will etwas davon wissen, dass es ein knochenharter Weg zum Licht ist.« Ein abgefahrener Weg sei es auch, das ja, *kruto*, ultra-krass, wenn man Erfolg habe. »Danach kann man süchtig werden.« Das erste Verlangen nach einem »Ergebnis« – Wadims Lieblingsvokabel – überkam den Dreiundvierzigjährigen in den Jahren der Perestroika. Gemeinsam mit einem Freund eröffnete der junge Zahnmediziner in einem Moskauer Hinterhof eine improvisierte Einzimmerpraxis, die in wenigen Monaten zur Goldgrube wurde. »Der Sowjetmensch hatte so viel Nickel im Mund, dass er durch keine Kontrolle am Flughafen hindurchkam. Wir arbeiteten mit Jacketkronen, Porzellanfüllungen, wir machten Menschen aus unseren Patienten.« Den Gewinn investierte Wadim nach und nach in Apotheken, Schönheitssalons, in eine Regenbogenmischung verschiedener Wirtschaftsunternehmen. Alles, was er berührte, wurde zu Gold. 1998 dann, im Jahr von Russlands dramatischem Rubelkollaps, war es nur ein Schritt von der Großmachtstrategie zur großen Pleite. Mit »stellenweise Glatteis« müsse man im Business immer rechnen, sagt Wadim, es komme darauf an, in Chancen zu denken, nicht in Problemen. Eine Strategie, mit der es ihm offenbar gelang, seine wichtigsten Holdings durch die Krise zu manövrieren. Wadim zündet sich eine Zigarette an und führt sie mit exquisiter Geste zum Mund. Nein, er gehöre nicht zu den Managern, die ihre Socken nur noch am Flughafen kaufen, er wolle vielmehr das Leben als reicher Mann angehen.

So wie alle, die hier an der Rubljowskoje Chaussee Quartier bezogen haben. Zwischen hohen Fichten stehen neogotische Wohnschlösser, venezianische Villen und andalusische Haziendas, immer mit viel altem Athen dekoriert. Wadims Heimstatt fügt sich reibungslos in die neurussische Gegend ein: außen Neobarock, innen Rokoko, Chinoiserien, mauretanische Bögen und Louis-seize. Warum sich für einen Stil entscheiden, wenn man sich alle leisten kann? Die wunderbare Welt der Kaufkraft ist in Moskau gerade erst erschlossen und es muss so etwas wie ein unbändiges Nachholbedürfnis sein, dass sie so rauschhaft ausgekostet wird. »Wie man Geld ausgibt«, heißt eine 72 Seiten dicke Beilage der Zeitung *Wedomosti* mit vielen wertvollen Shoppingtipps für frisch gebackene Millionäre und Milliardäre, von denen es in Moskau immerhin sechsunddreißig gibt. Stand Mai 2004. Wenn man sich vorstellt, dass Wadim eine diamantenbesetzte Platinuhr ums Handgelenk trägt, die immer unter dem Ärmel des schwarzen Designerhemdes hervorlugt, wenn er nach seiner Cola-Dose greift, die sich wirklich gut macht auf dem florentinischen Marmortisch, in den die Steinmetze ein lilienumranktes »W« für Wadim eingearbeitet haben; wenn man weiter davon ausgeht, dass der Mann seine Familie zum Pavarotti-Konzert lud, fünf Personen zu einem Kartenpreis von jeweils 2500 Dollar, dass Wadim ferner zwei Luxusschlitten in der Garage unter einem roten Walmdach abgestellt hat, zwei Wagen, für die sein Vater noch zweihundertfünfzig Jahre hätte arbeiten müssen, dass seine um zehn Jahre jüngere Frau gerade die Tochter besucht, die in einem Internat in Davos »europäisch« erzogen wird, dass man dann aber in den Sommerferien gemeinsam ins Ferienhaus nach Monaco fährt – dann hat man in etwa eine Idee von russischen Rekordreichen.

»Der Westen hat seinen Glanz für uns verloren«, sagt Wadim und richtet sich auf, nirgendwo sonst könne man so komfortabel leben wie in der russischen Hauptstadt. »Berlin, Paris, London, das sind doch alles Kurorte im Vergleich zu Moskau.« Oha! Etwas indigniert über so viel Vermessenheit will man in Gedanken dagegenhalten, doch wer erst seit gut zehn Jahren frei atmen kann – oder muss es hier besser heißen: Unmengen Geld verdienen und ausgeben kann –, der muss es zu Hause wohl besser finden als anderswo.

Mit dem Geld kam ein neues Selbstbewusstsein nach Moskau, ein neuer Lebensstil. Wadim spricht tadellos Englisch, er isst gerne Sushi und führt, wie er selbst sagt, eine »moderne Ehe«, weil seine Frau nicht arbeiten muss und nach dem mittäglichen Frühstück mit Freundinnen loszieht zum Boutiquenbummel, er gibt sich kunstsinnig und kauft »Zeitgenössisches« und an den Füßen trägt er schon lange keine hochglanzpolierten Collegeschuhe mehr, sondern Turnschuhe der Prada-Sportkollektion. Wenn er seine Phantasie schweifen lässt, umkreist sie vor allem Statussymbole. Avancierter Luxus ist immer noch ein Triumph über alle Armut, über das »sozialistische Einheitsleben«. Manchmal, sagt Wadim nachdenklich, wenn er seiner Tochter erzähle, wie er früher gelebt habe, da draußen in Krylatskoje, in zwei Zimmern mit den Eltern und der Mutter des Vaters, wundere sie sich, dass so etwas überhaupt möglich sei. »Aber seit früher sind noch nicht einmal zwanzig Jahre vergangen.« Er selbst möchte diese Zeit nicht missen, eine »wichtige Erfahrung« sei das gewesen. »Der russische Charakter ist nicht umsonst legendär«, meint er und sein Kopf wippt ein wenig zum Zeichen der Überlegenheit. In Russland sei man weniger verweichlicht als im Westen, meint Wadim. Dann wird es für ihn Zeit fürs Geschäft. Seine Arme, eben noch verschränkt, breiten sich weit aus. »Alles muss noch zwei Nummern größer werden«, sagt er und ist weg. Moskau hat es eilig.

Virtuosität, schwarzweiß

Ein Besuch bei den Moskauer Klavierspielern

»Abgesehen von der Musik, Sweta Pawlinowna, lieben Sie sonst noch etwas?« Ein bisschen traurig schaut die Dame jetzt drein, sagt aber »Ja« und: »Ich mag auch abstrakte Kunst, Kandinsky vor allem, in seinen Bildern ist so viel Musik.« Nennen wir Sweta Pawlinowna unerschütterlich. Deshalb spricht sie auch immer noch von der »uliza Gerzena«. Eigentlich liegt das Moskauer Konservatorium längst wieder in der Bolschaja Nikitskaja uliza, aber Sweta Pawlinowna hält nicht viel von Veränderung, von Neuem, auch wenn es eigentlich das Alte ist. Die resolute Dame legt die Stirn in tiefe Sorgenfalten. »Wir brauchen Tiefgang, nicht Veränderung. Nur so können wir« – sie spricht gefährlich leise – »gewisse Standards halten.« Es gilt, Platz eins knitterfrei zu behaupten, denn die besten Pianisten der Welt kommen immer noch vom Moskauer Konservatorium. Es gebe einen alten Herrn, sagt Sweta Pawlinowna und schaut zum Fenster hinaus, der ziehe, jedes Mal, wenn er am Konservatorium vorbeikomme, den Hut. »Das geht schon seit bestimmt siebzehn Jahren so und keiner weiß, wer er eigentlich ist.«

Er hat ja Recht, der alte Herr, man möchte

tatsächlich allein schon der Architektur mit einer Geste des Respekts begegnen. Hut ziehen, Krawattenknoten zurechtrücken oder Rock glätten, tief Luft holen und gemäßigten Schrittes auf das hochherrschaftliche, kaisergelb-weiße Gebäude zuhalten. Die Kunst im Stil des Klassizismus, das haben die Russen einfach raus, sieht immer gut aus. Das Konservatorium ist in Form eines Hufeisens angelegt, aber das Glück ist an Russlands hoher Schule der Musik immer nur eine Zutat. Der Erfolg ruht vielmehr auf drei festen Säulen: Talent, Technik und Disziplin.

Michail sitzt in der Sonne, die von draußen hereinscheint. Er ist blass und gerade erst von einer Konzertreise durch halb Europa zurückgekommen. Als Kind gehörte Michail zu denen, die auch die Russen »Wunderkinder« nennen, er spielte in Königshäusern, gab im Vatikan in Anwesenheit des Papstes ein Konzert und wurde von einer Philharmonie zur nächsten gereicht. Man jubelte ihm zu, immer wieder wurde er auf die Bühne gerufen. Die Musikwelt war hingerissen, mit welcher Hingabe und Bravour der Fünfjährige Chopins Prélude spielte. »Das zerriss einem die Seele«, weiß Sweta Pawlinowna noch, die ihren Schüler damals im Kleinen Saal im linken Flügel des Konservatoriums hörte. Hinterher in der Garderobe, erinnert sich Michail, musste er dann oft weinen.

Wie das so ist bei den Wunderkindern: Verlieren sie die Kindheit, hält sie keiner mehr für ein Wunder. Ihr Stern verblasst und aus dem Star wird dann einer unter vielen. »Ich war verwöhnt, es fiel mir alles irgendwie zu, heute muss ich für jedes Konzert hart arbeiten.« Michail ist zweiundzwanzig Jahre alt und seine Welt heißt Chopin. Manchmal auch Beethoven: Hammerklavier, Pathétique, Appassionata, Mondschein, Les Adieux. Es war die Mutter, die den Jungen auf die Spur der Musik brachte, ihr eigenes Vorspiel. »Ich erinnere mich an all diese Melodien, diese Macht des Ausdrucks, das wollte ich auch können«, erklärt sich Michail seine frühkindliche Faszination für die Tonkunst. Ob er es allerdings so wollte, wie man es dann von ihm verlangte? Fünf, sechs Stunden am Tag setzte man Mischa ans Klavier, in die Sommerferien fuhr man nur, wenn es am Erholungsort ein Instrument gab, und um jeden Spielplatz wurde ein großer Bogen gemacht, weil ein Pianist besser nicht im Sand spielt. Fürs Kindsein blieb keine Zeit. In der Schule dann war das schlimmste Fach natürlich der Sportunterricht. Als der Achtjährige noch eine andere Leidenschaft entdeckte, das Lesen, gab es Ärger. Und für Mischa nur einen Ausweg: »Ich versteckte die Bücher unterm Pullover und rannte alle zwanzig Minuten zur Toilette, wo ich hastig fünf, sechs Seiten verschlang. Das ging so über Jahre.«

Sweta Pawlinowna zeigt sich gerührt und klopft ihrem Studenten auf die Schulter. Es habe ihm nicht geschadet, das Lesen, sagt sie, man brauche schließlich Katalysatoren, um alle Essenzen miteinander reagieren zu lassen. Es ginge ja nicht nur um technische Höchstleistungen, sondern um eine »kühne und unerschrockene Begegnung mit Musik und den Mut zu Schwankungen und Abweichungen.« Geheimnisvoll senkt sie ihre Stimme: »Ein guter Pianist ist bereit zur letzten Ekstase.« Das hat Tschaikowskij den Moskauern vorgemacht, nach dem das Konservatorium benannt ist. Im Hof steht der Komponist in Bronze gegossen von Vera Muchina und in das Gitter, das den Hof von der Straße trennt, ist das Thema von Tschaikowskijs Klavierkonzert Nr. 1 b-Moll opus 23 eingeschmiedet. Solche künstlerischen Anspielungen schätzt man hierzulande. Wenn alles ein einziges Legato ergibt. Von den Wänden des Konservatoriums blicken denn auch all die anderen Großen der Musikgeschichte, Rachmaninow, Emil Gilels, Swjatoslaw Richter, Leonid Kogan, David und Igor Oistrach, Ivo Pogorelich, Gideon Kremer, sie alle und noch viele mehr haben hier studiert. Und Tradition festigt nun mal den Selbstanspruch. In Moskau muss man niemanden fragen, was denn von dem Glanz übrig blieb. Hier ist alles Gestern so wie heute.

»Acht Stunden am Tag, 365 Tage im Jahr«, antwortet Michail trocken auf die ewige Fleißfrage, wie viel Klavier er denn spiele. Sweta Pawlinowna wird langsam unruhig und mahnt, man müsse nun wirklich wieder den Unterricht aufnehmen. »Wenn unsere Politiker mal so viel arbeiten würden wie unsere Pianisten, sähe es in Russland anders aus«, sagt sie und bezieht neben dem Klavierhocker Position. Den Kopf in die Hände gestützt hört sie ihrem Schüler zu, wie er magisch langsame, sprechende Musik ins Klassenzimmer zaubert und sich langsam zu einem Fortissimo-Aufruhr steigert, dass man den Flügel davonfliegen sieht. Er markiert den Weg der Musik – von Moskau aus.

»Als Zuhause taugt der Kreml nicht«

Innenansichten aus der Moskauer Festung

Und du weißt nicht, dass beim Morgenrot
im Kreml
es sich leichter atmet als auf der ganzen
Welt.

MARINA ZWETAJEWA

Als Georgij Michailowitsch an jenem Donnerstag über den Kathedralenplatz schritt, dachte er, dass die Luft »irgendwie anders« gewesen sei. Alles war ruhig, nichts regte sich, und doch, alles war anders. Wie in einem Film musste Georgij Michailowitsch unwillkürlich denken. Es hatte Kämpfe gegeben, nicht um den Kreml, sondern ums Weiße Haus, Panzer waren auf den Straßen, Jelzin war, wie Lenin es vorgemacht hatte, auf einen hinaufgeklettert, die Demokratie war gerettet und Russland ein anderes Land geworden. So dachte man. Und bekam es ja dann doch nur mit einer »Umtopfung« zu tun.

Georgij Michailowitsch wirft die Arme auseinander, weil ihm in diesem Moment wieder einfällt, dass er sich nur unter der Bedingung auf ein Treffen eingelassen hat, dass die Politik draußen bleibt. »Ich arbeite im Kreml, aber ich bin kein Politiker«, sagt er und trägt ein lausbübisches Lächeln mit maximalem Vieldeutigkeitsfaktor auf. Die meisten Leute, wechselt Georgij Michailowitsch das Thema, wollten von ihm wissen, wie es so ist, wenn man im Kreml zu Bett gehe und wieder erwache. »Die Menschen haben da ganz romantische Vorstellungen.« Aber wie das so ist im Leben, die private Rückseite sieht ganz anders aus. Nach Feierabend muss man im Kreml, in diesem weltenthobenen Partikelchen Moskaus im Zentrum der Millionenstadt, auch mit Erfahrungen des Verschollenseins umgehen können. Wenn mal Besuch kommt, was nicht häufig der Fall ist, seit seine Schwester im sibirischen Perm vor zwei Jahren verstarb, muss eine Erlaubnis eingeholt werden. Briefe, die Georgij Michailowitsch so gut wie nie bekommt, muss er, falls doch mal jemand schreibt, auf der Post abholen. Eine Adresse hat er nicht. Der Nachbar der Schwester wollte sich einmal einen Scherz erlauben und schrieb aus Perm eine Postkarte: Georgij Michailowitsch Skuratow, Kreml, Moskwa. Eine Woche später rief der Wachmann aus dem dick-runden Kutafja-Wachturm an und bestellte Georgij Michailowitsch verärgert, dass er seine Post gefälligst nicht in den Kreml kommen lassen möge. Seine Dienstwohnung kann Georgij Michailowitsch abschließen, aber die Leute von der Sicherheit haben auch einen Schlüssel und schauen drei, vier Mal im Jahr unangemeldet nach »der Ordnung«. Unter die fällt, dass er keine Nägel in die Wände hauen darf, da ist der Denkmalschutz vor, keine Haustiere besitzen darf, dass er einen vorbildlichen Lebensstil zu führen hat, keine Frauen, keine »besonderen Videos«, keine Wodkaflaschenbatterie, keine Zigaretten und dass jede Anschaffung gemeldet und als unbedenklich ausgezeichnet werden muss.

Wieder umspielt ein Lächeln Georgij Michailowitschs Lippen, weil er lieber nicht über all die anderen Sonderregelungen sprechen möchte. Das ist so wie bei Menschen, die »Schatz« sagen oder »Liebling« und die das als Punkt sprechen. Ob das Leben im Kreml unglücklich machen kann? Im Gespräch mit Georgij Michailowitsch hat man daran keinen Zweifel. Der Kreml sei etwas für Kunsthistoriker und Politiker, die sich hier stark und mächtig fühlten, wie »in der Krönungskrone Russlands«. »Als Zuhause taugt der Kreml nicht«, meint Georgij Michailowitsch und zuckt mit den Schultern. Andererseits: Ein Leben ohne Kreml – das kann er sich auch nicht vorstellen. Jeden Morgen zuerst der Kathedralenplatz, der Glockenturm, der Facettenpalast – das prägt. Das ist so, als füge sich die Welt »selbst bei Regen« zu einer rundum schönen Angelegenheit.

Wenn Georgij Michailowitsch in drei Jahren in Rente geht, will er jedenfalls versuchen, in seinem Zimmer im Palast des Patriarchen zu bleiben. Die Moskauer Festung ist längst Schicksal – so sieht er das. Georgij Michailowitsch ist Hausmeister im Kreml, einer aus dem Bilderbuch: breitschultrig, graubärtig, mit stofftierhaften Augen und schweren Brauen. Er hat viel zu tun und könnte nach eigener Auskunft gut vier Hände gebrauchen. Im Morgengrauen, wenn die Stadt noch schläft, steht er auf, frühstückt einen Teller Buchweizengrütze und rückt mit Schrubber und Schlauch zum Kathedralenplatz vor. Da kommt ihm dann schon meist jemand aus der Kirche entgegengeeilt und Georgij Michailowitsch muss oft helfen und eingreifen, weil er ja nun doch »größeres handwerkliches und technisches Geschick« habe als die Popen. Er selbst, gesteht Georgij Michailowitsch, sei zwar nicht gläubig, aber wo Not am Mann sei, da helfe er. »Ich habe keine Frau, keine Kinder, da ist es ein schönes Gefühl, wenn ich gebraucht werde«, sagt er mit lang erprobter Besorgnis im Blick. Das mit der Frau, das hätte sich in seinem Leben nicht ergeben. Aber sie alle hier im Kreml seien eine Familie, versichert er. Die meisten Museumsangestellten kenne er auch ganz gut, nur die Regierung, die bilde einen Kosmos für sich. »Einen demokratischen«, sagt Georgij und lächelt.

Gegen zehn Uhr hat Georgij Michailowitsch mit Kollegen die Kremlplätze tipp-topp gereinigt. Kein einfacher Straßendienst, nein, alles ist ungeheuer bedeutend, staatstragend und findet unter dem wachsamen Auge der Miliz statt. »Wir sind immer froh, wenn wir unbeobachtet arbeiten können. Das muss man erst mal aushalten, dass dir immer jemand über die Schulter guckt«, sagt Georgij Michailowitsch und man ahnt, dass sie ihn auch nach vierzig Jahren viel Kraft kostet, diese ständige Kremlkontrolle. Aber an diesem Dienstagvormittag darf er nun endlich allein umsorgend durch den Kreml ziehen. Die schweren Holztüren im Facettenpalast brauchen noch ein paar Tropfen Öl, bevor eine Wirtschaftsdelegation aus Südkorea durch die alten, verschachtelten Zarengemächer geführt wird. Manchmal, wenn er allein durch den Kreml streife, sagt Georgij Michailowitsch, überkomme ihn so ein plötzliches, ängstliches Glücksgefühl: Da ist ein Bild, eine Ecke, da ist etwas, was so noch niemand auf der Welt gesehen hat. »Der Kreml ist jeden Tag anders«, sagt er so schön, dass man ihn auch noch als Poeten ausfindig macht. Es gibt wohl nicht viele Orte in der Stadt, die so zum Geschichtenfinden und Geschichtenerfinden anregen wie der Kreml: Goldene Gemächer, ausgemalte Kathedralen, die Zarengräber und die Zarenkanone – alles Wirklichkeit und doch Stoff aus dem Märchen.

Wie dieser Schatzfund. 1988 war das, im Mai, Georgij Michailowitsch weiß es noch ganz genau. Ein Arbeiter hatte beim Ausheben einer Grube in der Nähe des Spasskij-Turmes einige schwarze Gegenstände gefunden. »Spielzeug«, dachte er und grub weiter. Erst als er immer mehr von diesem seltsamen Spielzeug ans Tageslicht förderte, wurde er skeptisch und ging vorsichtshalber vor Feierabend in der Archäologischen Sammlung vorbei. Eine Stunde später war es wieder taghell rund um die Grube und ganze Mannschaften von Archäologen siebten die Erde durch. Ein Silberschatz mit 299 Einzelteilen war gehoben, der aufregendste Fund, der jemals gemacht wurde im Kreml. Großfürst Wladimir Jurjewitsch hatte seine Kostbarkeiten vor den 1238 nach Moskau einfallenden Mongolen an dieser Stelle in einem Birkenkästchen versteckt. Natürlich grabe man seit diesem Tag beim Pflanzen der Rosen oder beim Ausbessern der Wasserrohre etwas tiefer als nötig, sagt Georgij Michailowitsch. »Immer maßvoll.« Aber niemand habe seither je wieder etwas gefunden. Er, Georgij Michailowitsch, versuche daher, das schon gefundene Glück mit beiden Händen zu fassen. Aber jetzt will er in die Schreinerwerkstatt und eine neue Sprosse für seine Leiter abholen. Für den Nachmittag hat er sich die Dachrinnen im Kreml vorgenommen, von denen viele mit Blättern und Stöckchen verstopft sind.

Es muss Georgij Michailowitsch furchtbar heiß sein an diesem stickigen Junisonnentag, aber das gehört zu seiner Ernsthaftigkeit, dass er seinen grauen Kittel und den dicken, von seiner Schwester selbst gestrickten Pullover nicht auszieht, dass er es sich unbequem macht. Nur im Kreml, da sorgt Georgij Michailowitsch für den leichten Gang der Dinge.

Das weite Land der russischen Seele

Gedanken zu einer slawischen Instanz

> *Moskau, Moskau, deine Seele ist so groß,*
> *nachts da ist der Teufel los! Ha, ha, ha, ha,*
> *ha, hey!*
> DSCHINGIS KHAN,
> *Moskau*

Tieftieftief. Traurigtraurigtraurig. Ich habe schon einmal eine Sonnenfinsternis gesehen, ich weiß, wie man Glück in den Wind schlägt, ich habe ein paar Sachen überlebt, von denen ich nicht gedacht hätte, dass ich sie überlebe, ich habe schon einmal ewig gewartet, ich kann vor lauter Rührung ganze Seen weinen und ich weiß, wie es sich anfühlt, dieser Kraft im Universum hoffnungslos ausgeliefert zu sein. An guten Tagen aber fühle ich mich mit der ganzen Menschheit versöhnt. Ich will nur sagen, ich kenne Krux, Krise und Schlamassel, das ureigene Reich der russischen Seele. Wie schrieb doch gleich Michail Bulgakow in seinem Roman »Die weiße Garde«: »Ich weiß, was Sie fragen wollen. Sie brauchen die Frage nicht zu stellen. Ich antworte Ihnen auch so: sehr schlecht. Es gibt schlimmere Situationen, aber selten.«

Ach, so kennt man sie, die Melodie der russischen Seele, die ewig Kummer zusammenträgt und sich abmühen muss. Endlich richtig leiden!

Psychologen und Psychiater können vermutlich hochinteressante Schlüsse aus diesem Hunger nach Desaster ziehen. Erlangen die Russen erst durch Gegenglück Glück? Oi, oi, oi, das bedeutet gar nichts Gutes. Doktor Borodin weist mich mit majestätischer Geste zum Sessel, während er noch ein Telefonat zu Ende führt. »Ich glaube, niemand hat die russische Seele so russisch empfunden wie die Deutschen«, sagt er mit einem leidvollen Augenaufschlag. Das entspreche ihrem Innerlichkeitskult. Also ist das mit der russischen Seele alles nur Projektion? Doktor Borodin gibt sich Mühe, eine ätherische Miene aufzusetzen. Es sei kein Leichtes, über die russische Seele zu sprechen, meint er und zündet sich eine russische »Standart« an. Da kann ich ihn beruhigen, denn etwas Leichtes über die russische Seele hatte ich wahrlich nicht erwartet, wo doch das Gewicht der Welt auf ihr lastet. Ich bin eher auf Letzte-Dinge-Gebrodel eingestellt.

Dazu passt auch der Ort: Der Moskauer Seelenarzt Fjodor Borissowitsch Borodin hat seine Praxis hinter einer altersmüden Fassade im Spiridonjewskij pereulok in der Gegend um die Patriarchenteiche. Die Fenster reichen bis zur Decke und an diesem Donnerstagvormittag drückt sich das graueste Grau in den Raum, dessen der russische Himmel fähig ist. Die Seele, sagt der Seelendoktor in den grauen Rauch, sei ja eben ein Rätsel, das sei das Faszinierende an ihr. »Es ist der Seele unangemessen, Erklärungen über sie abzugeben, in denen sie sich wie eine

Aspirintablette im Wasser völlig auflöst.« Doktor Borodin lehnt sich zurück. Schwarze Hose, schwarzes, lässiges Breit-Cord-Jackett, schwarzer Rollkragenpullover, Jaruzelski-Brille – das fügt sich zu einem echt existenzialistischen Erscheinungsbild. Unweigerlich denkt man, dass Moskau wahrscheinlich ein aufgeklärter und geordneter Ort zum Leben wäre, wenn es mehr Leute gäbe wie Doktor Borodin.

Das Telefon klingelt unablässig, dabei hatte der Doktor seine Praxishelferin angewiesen, nur die wichtigen Gespräche durchzustellen. Die Patienten müssten jetzt selbst zahlen, erklärt er entschuldigend, da meine jeder Anspruch auf Soforthilfe zu haben. Dieser Ich-Trip, der sei völlig neu, früher hätte er die Patienten eher daran erinnern müssen, dass es neben dem Kollektiv auch ein Ich gebe. Das Bewusstsein, da würde der Seelendoktor Marx ganz Recht geben, ist auch vom Sein bestimmt. Russland habe sich sehr verändert, sagt Doktor Borodin, die Zeiten seien anders, und die Menschen auch. Im sowjetischen Moskau kam man zu Doktor Borodin, um sein Herz abhören zu lassen. Dass man es auch bei ihm ausschütten konnte, wussten nur die wenigsten, und das war auch gut so. Heute legt Doktor Borodin alle seine Patienten auf die Couch und blickt ihnen in die Seele. Was er da sieht? »Zerrissenheit, Traurigkeit, Kummer, Verdunkelung, da unterscheiden sich die Menschen nicht.« Aber was ist dann dran an dieser viel besungenen russischen Seele, an dieser medizinischen Landeskunde, nach der Frankreich für den Kopf, Deutschland für das Herz und Russland für die Seele zuständig ist? Draußen auf dem Sims schnäbeln Tauben, Doktor Borodin kaut auf seiner Unterlippe. Was die russische Seele ausmache, sei das Unerklärliche, das Unberechenbare, jeder, der aus dem Westen komme, mache diese Erfahrung. »Das Absurde ist in Westeuropa eine Laune des Intellekts, in Russland ist das Absurde der ganz normale Alltag.«

Doktor Borodin erzählt mir eine Menge unglaublicher Geschichten, von all den tragenden Rollen im Moskowiter Katastrophismus. Ich meinerseits gebe die Geschichte zum Besten, die mir in der Metro auf der Fahrt zu Doktor Borodin widerfuhr: Der Blinde, der an der Barrikadnaja zustieg, hatte sich eine Ikone um den Hals gehängt und erinnerte die Fahrgäste mit seinem abgeschrammten weißen Stock, den er mahnend auf den Boden stampfte, an den Elternsamstag und an die Gleichgültigkeit als die schlimmste aller Sünden. Meine Sitznachbarin drückte ihm einen Zehn-Rubel-Schein in die Hand, ich folgte ihrem Beispiel. Der Mann verharrte einen Augenblick, führte sich dann die Geldscheine ganz dicht vor das linke Auge und empörte sich, dass es sich nicht um Fünfzig-Rubel-Scheine handelte. »Was soll das, womit speist ihr mich hier eigentlich ab? Zehn Rubel, dass ihr euch nicht schämt!« Keiner der Passagiere gab sich irritiert, niemand zeigte Entrüstung. Nur ich schämte mich. Der zupackende russische Irrsinn.

»Die russische Seele«, sagt Doktor Borodin, »ist ein besonders schwerer Fall«, weil sie nicht viel von vernünftigem Unterscheidungsvermögen halte. Die Sorge um das vernünftige Ordnen der Lebenswelt sei nicht ihr Ding, lässt der Seelendoktor wissen und redet von dem unermüdlich strömenden Daseinsfluss, in dem alles seine Berechtigung habe, unsortiert. Schade, dass man die russische Seele nicht anschauen kann, es ergäbe sich ein osmotisches Bild. Ein dichtes, wirres Knäuel, ohne Anfang, ohne Ende, gewissermaßen eine Urmasse, die sich nach der alles umfangenden Weltsubstanz sehnt. Und weil diese Gefühlswallung unerfüllt bleiben muss, haben die Russen möglicherweise eine Vorliebe für scharfe Getränke. Hochprozentiges hilft, die Unordnung, das Chaos zu vergessen. Und es erinnert daran, dass die Welt womöglich fröhlicher ist als man selbst. Doktor Borodin hat eine Flasche »Flagman« in der Tür seines Schreibtisches stehen. Im Handumdrehen sind die Gläschen gefüllt, wir stoßen an, auf die russische Seele. Die erwärmt uns, der Wodka tut sein Übriges fürs gütige Allgefühl. »In diesem Land ist alles religiös«, sagt Doktor Borodin und kritzelt eine Figur auf den Rezeptvordruck. Was er der russischen Seele verschreiben würde? Nichts. Einer muss sich ja der verfluchten Fragen annehmen.

Nachsatz

Einige der in diesem Buch gesammelten Reportagen wurden als Radiobeiträge beim *Bayerischen Rundfunk* und beim *Westdeutschen Rundfunk* gesendet.